essentials

Essentials liefern aktuelles Wissen in konzentrierter Form. Die Essenz dessen, worauf es als „State-of-the-Art" in der gegenwärtigen Fachdiskussion oder in der Praxis ankommt. Essentials informieren schnell, unkompliziert und verständlich

* als Einführung in ein aktuelles Thema aus Ihrem Fachgebiet
* als Einstieg in ein für Sie noch unbekanntes Themenfeld
* als Einblick, um zum Thema mitreden zu können.

Die Bücher in elektronischer und gedruckter Form bringen das Expertenwissen von Springer-Fachautoren kompakt zur Darstellung. Sie sind besonders für die Nutzung als eBook auf Tablet-PCs, eBook-Readern und Smartphones geeignet.

Essentials: Wissensbausteine aus Wirtschaft und Gesellschaft, Medizin, Psychologie und Gesundheitsberufen, Technik und Naturwissenschaften. Von renommierten Autoren der Verlagsmarken Springer Gabler, Springer VS, Springer Medizin, Springer Spektrum, Springer Vieweg und Springer Psychologie.

Wilfried Röhrich

Die Politisierung des Islam

Islamismus und Dschihadismus

Prof. em. Dr. Wilfried Röhrich
Kiel
Deutschland

ISSN 2197-6708 ISSN 2197-6716 (electronic)
essentials
ISBN 978-3-658-08940-5 ISBN 978-3-658-08941-2 (eBook)
DOI 10.1007/978-3-658-08941-2

Die Deutsche Nationalbibliothek verzeichnet diese Publikation in der Deutschen Nationalbibliografie; detaillierte bibliografische Daten sind im Internet über http://dnb.d-nb.de abrufbar.

Springer VS

Gedruckt auf säurefreiem und chlorfrei gebleichtem Papier

Springer Fachmedien Wiesbaden ist Teil der Fachverlagsgruppe Springer Science+Business Media
(www.springer.com)

Was Sie in diesem Essential finden können

Eine Einführung in die islamische Religion und eine differenzierte Darstellung der politischen Ideologie des Islamismus.
Den historischen Hintergrund von Islamismus und Dschihadismus.
Eine Analyse der Khomeini-Revolution im Iran.
Die Strategie und die Struktur der al-Qaida-Terrororganisation.
Die erreichte und die geplante Expansion der Terrormiliz des „Islamischen Staats".

Inhaltsverzeichnis

Einleitung 1

Die Khomeini-Revolution im Iran vom Februar 1979 und die damit verbundene Repolitisierung des Islam haben den Blick erstmals konkret auf den Islamismus gelenkt. Danach waren es die al-Qaida-Terroranschläge auf das World Trade Center mitten in Manhattan und auf das Pentagon in Washington am 11. September 2001, die insbesondere in den Vereinigten Staaten einen tiefen Schock auslösten. Inzwischen geht eine globale Gefahr von der dschihadistischen Terrormiliz „Islamischer Staat" aus, die militärisch hoch professionell vorgeht und ganz bewusst Morde als Internetpropaganda nutzt. Dieser Dschihadismus, der ein Beispiel dafür bietet, wie sich Terrorgruppen über ihr terroristisches Handeln hinaus territorial konsolidieren, ist eine militante Form des Islamismus, der sich wie der Islamismus allgemein als eine Politisierung des Islam darstellt. Das bedeutet, dass bei den islamistischen Terroraktionen in ihrer verschiedenartigen Ausprägung der Islam nicht als Religion, sondern als politische Ideologie in Erscheinung tritt, wenngleich der Islamismus religiös begründet ist.

Die so gekennzeichnete Politisierung des Islam datiert seit den 1970er Jahren. Damals prägten sich eine Desäkularisierung und eine Entwestlichung aus. Der Islamismus entfachte erneut die Konfrontation zwischen dem Islam und der christlichen Welt. Seine antiwestliche Grundorientierung entstand – ökonomisch – aus der kolonialen Praxis, der strukturellen Abhängigkeit der islamischen Länder von den westlichen Industrienationen und nicht zuletzt aus der amerikanischen Interessenpolitik im Nahen Osten. Neben diese ökonomische tritt die politisch-kulturelle Dimension, die im Kontext der Konfrontation des Islamismus mit den westlichen Wertvorstellungen erwachsen ist. Dazu zählen das Projekt der Aufklärung, die Volkssouveränität, die Ordnung der säkularen Nationalstaaten sowie die Trennung

© Springer Fachmedien Wiesbaden 2015
W. Röhrich, *Die Politisierung des Islam,* essentials,
DOI 10.1007/978-3-658-08941-2_1

von Religion und Politik und damit die kulturelle Moderne. Dem wird die Gottesherrschaft entgegen gerichtet, die durch Gewalt und Desäkularisierung verwirk-
licht werden soll. Entsprechend dem Antiamerikanismus des Islamismus kommt
es – wie bei den al-Qaida-Anschlägen – zu einem Religionskrieg zwischen dem
Islam und dem Westen. Die Gewalt, auch in brutalster Form wie bei der IS-Miliz,
erfährt eine islamistische Legitimierung.

Nun sind nicht alle Islamisten gewaltbereite Terroristen. Deshalb muss bei der
Betrachtung des Islamismus hervorgehoben werden, dass er mehrere Ausprägun-
gen kennt und dass sich der Islamismus in unterschiedlichsten Formen dokumentiert. Es gibt Islamisten in Gestalt des Pragmatikers Necmettin Erbakan einst in
der Türkei oder in Gestalt des Ayatollah Khomeini im Iran. Es gibt aber auch Islamisten, denen es um die eindeutige Herrschaft der Scharia geht, und solche, die
nicht nur die Nicht-Muslime, sondern auch solche Muslime bekämpfen, die einem
anderen Islamverständnis folgen. Zudem müssen die Unterschiede zwischen den
Islamisten und den Dschihadisten beachtet werden. Denn in seiner extremen Form
mündet der Islamismus in den islamistischen Terrorismus und den Dschihadismus.
Und dies geschieht immer dann, wenn ihre Verfechter glauben, die Errichtung oder
die Verteidigung der „göttlichen Ordnung" erfordere einen internen Umbruch oder
einen externen Dschihad-Krieg, in dem die Ungläubigen und die Feinde des Islam
zu bekämpfen seien. Die Terroranschläge der al-Qaida und die Gewalttaten der Terrormiliz „Islamischer Staat" zeugen von dieser extremen Gestalt des Islamismus.

2.1 Die Religion

Ungeachtet der kulturellen Verschiedenartigkeit und seiner politischen Gestaltungsbreite lässt sich die Frage, was der Islam sei, stark verkürzt wie folgt beantworten: Er gründet auf den Glaubenstexten des Korans und auf den Hadith-Überlieferungen des Propheten Mohammed, der sich als Abgesandter Allahs begriff. Die islamische Offenbarung in Gestalt der Koransuren, die Mohammed um 610 n. Chr. in Mekka verkündete, erreichte zunächst nur eine kleine Sekte. Mit ihr floh er 622 nach Medina, wo ihm weitere Teile des Korans offenbart wurden und wo er den ersten islamischen Stadtstaat errichtete. Den Unterschied zwischen den Mekka- und den Medina-Texten hat die moderne Reformtheologie (An-Na'im 1990) immer wieder betont. Während die Mekka-Texte als weltoffen zu bezeichnen sind, zielen die Medina-Texte auf die Binnenloyalität der Umma, der Gemeinschaft der Gläubigen, sowie darauf, äußere Feinde abzuwehren.

Der Koran ist nach der islamischen Lehre das abschließende Wort Gottes. Wie angedeutet, beinhaltet er die Offenbarungen, die Mohammed innerhalb von zwanzig Jahren übermittelt wurden. Man glaubt mithin an eine Verbalinspiration Mohammeds – der Koran ist wortwörtlich Gottes Wort. Die Muslime erleben deshalb Gott in seiner Einzigartigkeit vor allem in der Koranrezitation. Diese Einzigartigkeit und die Unvergleichbarkeit Gottes sind für den Islam grundlegend: für eine Religion, die sich als „kompromissloser" Monotheismus versteht. Indem der Islam das Judentum und das Christentum als weitere monotheistische Religionen anerkennt, sieht er in der Menschheitsgeschichte eine Prophetengeschichte, in der Je-

© Springer Fachmedien Wiesbaden 2015

W. Röhrich, *Die Politisierung des Islam,* essentials,
DOI 10.1007/978-3-658-08941-2_2

sus und Mohammed als Propheten Gottes erscheinen, in der jedoch Mohammed als „Siegel der Propheten", als abschließender Prophet, von besonderer Bedeutung ist.

Im Islam kommt Gott die alleinige Souveränität zu. Der gläubige Muslim ist gehalten, sich in unbedingtem Gehorsam dem souveränen Willen Gottes zu unterwerfen, um sein Heil zu finden. Denn – so die Begründung dieser Forderung – die Menschen sind von sich aus unfähig, den rechten Weg zu finden (Sure Al-A'rāf 43). Sie sind auf Gott, seine Offenbarung und auf die von seinem Propheten überlieferten Hadith-Verordnungen angewiesen, um recht leben zu können. Die Weisungen Gottes, die Ausdruck seines souveränen Willens, aber auch seiner umfassenden Weisheit und seiner Barmherzigkeit sind, bringen den Menschen das Heil (Sure Al-Isrā' 9).

Im Gegensatz zum Wertepluralismus der (abendländisch-)westlichen Kultur steht im Mittelpunkt des islamischen Selbstverständnisses nicht das Individuum oder die Pluralität von Individuen mit ihren unterschiedlichen Interessen, sondern die Umma, die islamische Gemeinschaft, die sich als Nukleus der monotheistisch vereinigten Muslime versteht. Es ist mithin das Kollektiv, das jede Pluralität verneint und in dem idealtypisch die „hegemoniale islamische Vernunft" (Berque 1996) herrscht. Die Umma wird – von der göttlichen Einheitslehre her gesehen – von den monotheistischen Gläubigen konstituiert: als eine Gemeinschaft, wie sie Mohammed mit seinem Stadtstaat von Medina realisierte.

Der Koran, der nur einzelne Anweisungen beinhaltet, die direkt zur Grundlage einer Gesetzgebung dienen können, wurde schon früh in der islamischen Geschichte durch andere Quellen des Rechts ergänzt. Dazu berief man sich auf die Sunna, auf die von Mohammed überlieferten Aussprüche, Entscheidungen und Verhaltensweisen, die im Islam als eine weitere Richtschnur des Handelns betrachtet werden. Die Berichte von Verordnungen und Taten des Propheten wurden zudem in den erwähnten Hadith-Sammlungen niedergelegt. Und in den ersten Jahrhunderten islamischer Zeitrechnung entstand jener Komplex der theologisch-weltlichen Bestimmungen, die der Begriff der Scharia umfasst: die religiöse Glaubens- und Pflichtenlehre. Die Scharia ist damals aus der systematisierenden Arbeit der islamischen Gesetzesgelehrten hervorgegangen und beruht auf dem Koran – ergänzt durch die Sunna und die Hadith-Sammlungen. Damit kommt im Islam im Unterschied zum Christentum sozusagen der Jurisprudenz eine besondere Bedeutung zu. Auch ist der Islam nicht wie das Christentum ein kirchliches, sondern ein organisches Religionssystem. Und als organisches Religionssystem umfasst er alle Lebensbereiche, für die er strenge Vorschriften bereithält.

2.2 Die politische Ideologie

Das islamische Recht der Scharia ist – hier lässt sich zum Islamismus überleiten – weder kodifiziert noch eine vom Herrscher unabhängige Rechtsinstitution. Und in diesem Kontext erweist es sich als bedeutsam, dass die Scharia bei den Islamisten die grundlegende Bedingung für die Konstitution eines politischen Systems in der islamischen Welt bildet. Die Islamisten, die auf die islamische Revitalisierung zielen und auf die traditionelle Idee der Universalität der islamischen Offenbarung zurückgreifen, sehen hierin die Repolitisierung des Sakralen. Auf die Intention dieser Islamisten lässt sich die Verlagerung von den religiösen zu den religiös-politischen Bindungen zurückführen. Der islamische Scharia-Staat bezieht seine Legitimität aus der Scharia in ihrem klassischen arabischen Begriff, den man mit dem „vorgeschriebenen Weg" übersetzen kann. In diesem Sinne findet sich der Begriff Scharia nur ein einziges Mal im Koran. In der zu Mekka offenbarten Sure Al-Ğâtiya 18 heißt es: „Dann brachten wir dich, im Hinblick auf die Sache (des Glaubens), auf einen gebahnten Weg. So folge ihm ..."[1] Ohne diese Bedeutung gebührend zu überdenken, steht für die Islamisten die Scharia im Mittelpunkt ihres Staatsmodells. Unter dem Aspekt der Politisierung des Islam dienen die weder homogenen noch genau definierten Rechtsquellen der Scharia der Delegitimierung der bestehenden politischen Ordnung und der Legitimierung der islamistischen Praxis politischer Herrschaft.

Um den Unterschied zwischen dem Islamismus als politischer Ideologie und dem Islam als Religion zu verstehen, lässt sich kurz auf die islamische Geschichte zurückblicken. Hier bildete sich vom 7. Jahrhundert an ein muslimisches Welteroberungsprojekt heraus, das qua Islamisierung darauf zielte, das Dār al-Islām, das „Haus des Islam", im Verständnis von Dār al-Salām, vom „Haus des Friedens" – gemäß der in Mekka offenbarten Sure Yūnus 25 –, in der Welt zu errichten. Diese Expansion erfolgte nach orthodoxem islamischem Verständnis in Form einer globalen Islamisierung mit den kriegerischen Mitteln des Dschihad, den die Muslime als gottgewollten Krieg führten und der als eine Herausforderung an die Christen gedeutet werden kann. Diese reagierten mit den Kreuzzügen, die bis heute das islamische kollektive Gedächtnis mitbestimmen. Im 19. Jahrhundert wurde das islamische Dschihad-Projekt vom westlichen Globalisierungsprojekt verdrängt. Die ursprünglich bedrohten Europäer wurden durch die beginnende Kolonisierung zur Bedrohung des Islam. In der zweiten Hälfte des 20. Jahrhunderts breitete sich bis in die Gegenwart eine Repolitisierung des Islam und damit ein Islamismus aus, der

---

[1] Der Koran wird durchgehend nach der deutschen Übersetzung von Hartmut Bobzin zitiert: Der Koran, München. Siehe hierzu und zum Folgenden die inzwischen klassischen Werke von Bassam Tibi, vor allem Tibi (1999) und Tibi (1992/2002).

darauf abzielt, die vom Westen ausgehende Globalisierung zurückzudrängen und die Welt neu zu ordnen.

Der Dschihad als Kriegstyp der Eroberungen in der islamischen Geschichte unterscheidet sich von der genuinen Bedeutung des Dschihad-Begriffs, der im Koran „Anstrengung zur Verbreitung des Islam gegen die Ungläubigen" meint – eine Begriffsbestimmung, die allerdings in concreto die Gewaltanwendung nicht ausschließt und die kriegerischen Auseinandersetzungen in der islamischen Geschichte nicht ausschloss. Um dies nachvollziehen zu können, muss man zwischen den Mekka- und den Medina-Texten im Koran unterscheiden. Die zu Mekka offenbarte Sure Al-Kāfirun 6 fordert die Gläubigen auf, ihren Widersachern den Glaubenssatz entgegenzurichten: „Euch eure Religion und mir die meine!" Der Dschihad ist hier eine Waffe der Überzeugung. Erst in den zu Medina offenbarten Suren verdichten sich die zur Gewaltanwendung aufrufenden Koranstellen zu einer Dschihad-Doktrin. Mohammed, der Prophet, war in Medina, der Keimzelle des islamischen Staates, zugleich Staatsmann und Feldherr, der den Dschihad zur Verbreitung des Islam führte. Unter diesem Aspekt ist die Sure Al-An'ām 151 zu sehen, in der es heißt: „Und tötet keinen, welchen Gott verboten hat zu töten, es sei denn, rechtens". Dieser Koranvers bezieht sich in seiner normativen Ausrichtung auf die Dschihad-Kriege der islamischen Geschichte, in denen die Gewalt das kennzeichnende Merkmal war. Diese Kriege fanden seit der gescheiterten Belagerung Wiens (1683) nicht mehr statt. Mit dem Aufstieg des Westens verlagerte sich die Intention; der islamische Dschihad des 19. und 20. Jahrhunderts nahm die Form des Antikolonialismus an. Erst die Islamisten bedienen sich als Terroristen und Dschihadisten erneut des Dschihad als Gewaltmittel, um die von ihnen proklamierte „islamische Weltordnung" zu etablieren.

Das koloniale Erbe: Der nominelle Nationalstaat **3**

Innerhalb eines Jahrzehnts – vom Golfkrieg 1991 bis zum 11. September 2001 – wurden die islamischen Nationalstaaten destabilisiert und der Islamismus gefestigt. Nach dem Golfkrieg suchte man nach einer Neuordnung des Nahen Ostens. Und seit den Terroranschlägen in New York und Washington geriet die gesamte Welt des Islam ins Blickfeld der Öffentlichkeit. Lange davor hatte sich mit der Abschaffung des Kalifats 1924 die islamische Umma in zahlreiche islamische Nationen aufgelöst – analog der damals von Europa übernommenen Idee der Nation. Es vollzog sich ideologisch und politisch ein Wandel von der „Gottesherrschaft" zum säkularen Nationalstaat, der im Kolonisationsprozess auf die islamische Zivilisation übertragen wurde, ungeachtet dessen, dass dem islamischen Nationalstaat all das fehlt, was die europäischen Institutionen auszeichnet.

Der säkulare, auf interner und externer Souveränität gründende Nationalstaat ist mithin von seinem Ursprung her eine europäische Institution. Dass er in den islamischen Ländern auf Widerstand stieß, ist darauf zurückzuführen, dass er zwar weltweit verbreitet wurde, aber dass die ihn tragenden Normen und Werte nicht universalisiert werden konnten. Damit erhebt sich die Frage nach der Zukunftsperspektive des Nationalstaats in den Ländern der islamischen Zivilisation – eine Frage, die sich mit dem Hinweis auf die Identitätsmuster des Nationalstaats angehen lässt, die sich mit den ethnischen Zugehörigkeiten in der islamischen Welt überschneiden. Deshalb muss stets das Ethnizitätskonzept beachtet werden, wenn es um vormoderne Zivilisationen geht, da ethnische und religiöse Identitäten bei weitem entscheidender sind als die Identität nomineller Nationalstaaten. Wenn dennoch der nominelle Nationalstaat im arabisch-islamischen Teil des Nahen Ostens zur Realität zählt, so lässt sich dies auf die jeweiligen islamischen Führungsgrup-

© Springer Fachmedien Wiesbaden 2015   7
W. Röhrich, *Die Politisierung des Islam*, essentials,
DOI 10.1007/978-3-658-08941-2_3

pen des 19. und des frühen 20. Jahrhunderts zurückführen, die die europäische Kolonialherrschaft bekämpften, aber den Widerspruch übersahen, simultan das europäische Modell des Nationalstaats zu übernehmen.

Um die damit verbundene Problematik für die islamische Zivilisation kenntlich zu machen, braucht nur an die historische Vorform des europäischen Nationalstaats erinnert zu werden: an jenen souveränen Staat, der sich als Folge des Westfälischen Friedens (1648) formierte. Mit diesem im Kern europäischen System bildete sich in einem über die Jahrhunderte währenden Prozess von Konferenzen und Konzessionen ein Komplex von friedensbezogenen Normen, Regeln und Verhaltensweisen für die Staatengemeinschaft heraus. Diese Normen bestimmten die Ordnung der Staatenwelt durch die Repräsentanten dieser Staaten; herausgestellt wurde der Charakter ihrer Verbindung als System. Dieses umfasste die sich als unabhängig und souverän anerkennenden Staaten, die – mit ihrer Expansion in andere Kontinente – auch die Ordnungsansprüche der europäischen Staaten auf die globale Staatengemeinschaft übertrugen. Zuvor war es mit Wirkung auf das Westfälische System zur Französischen Revolution gekommen, die der Beginn einer wachsenden Demokratisierung und eines zunehmenden Nationalismus verkörperte; aus der dynastischen Souveränität ging die Idee der Volkssouveränität hervor. Und die bis dahin vorherrschenden souveränen Staaten entwickelten sich zu Nationalstaaten.

Ein solches Konzept politischer Souveränität hat sich im Islam zu keinem historischen Zeitpunkt herausgebildet. Auch ist ein – auf der Volkssouveränität gründender – Nationalstaat im Islam nicht zu konstituieren. Nach dem islamischen Glauben kommt weder dem einzelnen Menschen noch einer politischen Gruppe Souveränität zu. Der einzige Souverän ist Gott; die Gottesherrschaft der Islamisten leitet sich hiervon ab.

Die ägyptische Politisierung des Islam 4

4.1 Die Muslimbruderschaft

Der Islamismus kann als ein Phänomen dargestellt werden, das sich in regional verschiedenen Formen manifestiert. Die Politisierung des sunnitischen Islam in Ägypten lässt zwar einen Mikrokosmos der islamischen Welt erkennen, ist aber insofern singulär, als sich hier eigene historische Rahmenbedingungen herausgebildet haben: Nachdem der Versuch, das 1924 von der türkischen Nationalversammlung abgeschaffte Kalifat wiederherzustellen, gescheitert war, begann die ägyptische politische Führungsschicht in den Jahren nach der Unabhängigkeit damit, die islamischen Normen den Erfordernissen des nominellen Nationalstaats anzupassen. Die sich damals herausbildenden islamistischen Bewegungen, die islamische Grundlagen für den ägyptischen Staat forderten, können als Vorläufer der Muslimbruderschaft angesehen werden, die im März 1928 entstand.

Diese Muslimbruderschaft war und ist die wichtigste Bewegung im ägyptischen – und im syrischen und jordanischen – politischen Islam. Ihr Gründer Hasan al-Bannâ und der Ideologe des Islamismus Sayyid Qutb, der sich 1951 der Bewegung anschloss, aber unabhängig von ihr einen prägenden Einfluss auf bedeutende Terrorgruppen wie die al-Qaida ausübte und im nächsten Abschnitt vorgestellt wird, sind repräsentativ für die ägyptische Politisierung des Islam. Die Muslimbruderschaft, die bereits als religiöse Gesellschaft eine rasch wachsende Anhängerschaft erhielt, verdankte dies zunächst ihrer Verbreitung islamischer Moralvorstellungen und ihrer Unterstützung sozialer Einrichtungen. Erst in den 1930er Jahren nahm die Bewegung, die seitdem die Rückkehr zum ursprünglichen Islam verfolgte und den Dschihad gegen Nicht-Muslime proklamierte, politische Konturen an. In den

© Springer Fachmedien Wiesbaden 2015
W. Röhrich, *Die Politisierung des Islam*, essentials,
DOI 10.1007/978-3-658-08941-2_4

1940er Jahren kam es zu den ersten Feindseligkeiten zwischen Mitgliedern der Bruderschaft und der ägyptischen Regierung. Diese Entwicklung erreichte ihren Höhepunkt, als 1948 Premierminister Mahmoud an-Nukrashi ermordet wurde und es im Februar 1949 zu einem tödlichen Anschlag auf Hasan al-Bannâ kam. Der Gründer der Muslimbruderschaft hatte ihre Grundüberzeugung in den programmatischen Worten zusammengefasst: „Allah ist unser Ziel. Der Prophet ist unser Führer. Der Koran ist unsere Verfassung. Der Dschihad ist unser Weg. Auf dem Weg Allahs zu sterben, ist unsere größte Hoffnung." Diese Worte bilden noch heute die Leitsätze der Bewegung.

Entsprechend ihrem politischen Islam und der von ihr angestrebten islamischen Ordnung, deren Bestandteil der islamische Staat sein sollte, wandte sich die Muslimbruderschaft gegen die säkulare ägyptische Politik. Diese bestimmte zunächst die politische Entwicklung bis zur Machtübernahme der „Freien Offiziere" vom Juli 1952, die die Hoffnungen der Bewegung auf politischen Einfluss nicht erfüllte und zu keiner Entschärfung der politischen Lage führte. Die Nasser-Zeit, in der die Spannungen zwischen den Muslimbrüdern und der Regierung sukzessive zunahmen, brachte gewalttätige Auseinandersetzungen und führte zum Verbot der Bruderschaft und daran anschließend zu zahlreichen Verhaftungen. Unter Sadats Präsidentschaft, die eine Re-Islamisierung der ägyptischen Gesellschaft proklamierte, wurden die von Nasser inhaftierten Mitglieder der Muslimbruderschaft freigelassen. Sadat erstrebte, sie gegen linke Gruppierungen zu gewinnen, ermöglichte ihnen politische Bewegungsfreiheit und ließ 1966 ihr Zentralorgan ad-Da'wa wieder zu. Während der von Sadat als bedrohlich eingeschätzten Khomeini-Revolution vom Februar 1979 endete jedoch die Zweckallianz zwischen den Muslimbrüdern und Sadat, der bis zu seiner Ermordung durch Islamisten der Gruppe al-Dschihad im Oktober 1981 die Macht monopolisierte und dafür sorgte, dass keine rivalisierenden Machtzentren entstanden. Während der Regierungszeit Mubaraks beteiligte sich schließlich die Muslimbruderschaft an den Parlamentswahlen.

Nach diesem kurzen Blick auf die ägyptische Geschichte ist ein Zurück zur Ideologie der Muslimbruderschaft angezeigt. Die Bewegung entwickelte sich sehr rasch zu einer streng hierarchisch strukturierten Gruppierung. Es entstand eine Massenbewegung mit den Zügen einer politischen Partei, die vor allem in der sich herausbildenden ägyptischen Mittelschicht starke Resonanz fand. Hasan al-Bannâ hatte betont, dass der von Gott offenbarte Islam als eine umfassende Lebensordnung anzustreben sei. Entsprechend verkündete die Muslimbruderschaft in ihrem Programm, den Islam wieder zu seiner alten Größe und zu einer neuen Vorherrschaft zu führen. Ähnlich anderen islamistischen Gruppierungen idealisierte sie die islamische Vergangenheit. Mit Blick auf den Stadtstaat des Propheten in Medina entstand der programmatische Begriff des „islamischen Staates", der für die erstrebte politische Ordnung der Muslimbrüder und für die von ihnen verfolgte Renaissance der authentischen islamischen Politik stand. Wie erwähnt, beließ es die Bewegung allerdings nicht bei der Ideologie und entsandte – da sie bei der Parlamentswahl 2000 nicht als Partei kandidieren durfte – unabhängige Kandidaten in die Volksvertretung.

In den Jahren seit 2010 vollzog sich schließlich ein Transformationsprozess innerhalb der Muslimbruderschaft: Die älteren Muslimbrüder erstrebten eine islamische Gesellschaft (teils inklusive der Scharia), während die jüngeren Mitglieder für eine Demokratie mit islamischen Elementen stimmten. Dies führte zu einem unterschiedlichen Engagement in den Massendemonstrationen auf dem Tahrir-Platz in Kairo vor und nach dem Rücktritt Mubaraks im Februar 2011. Schließlich – um die Darstellung abzukürzen – konnte der Vorsitzende der „Partei für Freiheit und Gerechtigkeit", Mohammed Mursi, die ägyptischen Wahlen gewinnen. Er war vom 30. Juni 2012 bis zu seinem Sturz am 3. Juli 2013 Präsident Ägyptens. Es kam zum Verbot der Muslimbruderschaft 2013, zu ihrer Einstufung als Terrororganisation und 2014 in Massenprozessen zur Verurteilung von über tausend Mitgliedern zum Tode.

4.2   Der Islamismus Sayyid Qutbs

Sayyid Qutb (1906–1966) war zweifellos der profilierteste Denker des Islamismus; er war der selbsternannte Prophet eines politischen Islam, und sein Einfluss, der bis heute anhält, ist kaum zu überschätzen. Die Werke dieses ägyptischen Denkers entstanden in der Regierungszeit Nassers, in der Qutb mit staatlichem Druck, Haft und Folter konfrontiert wurde. Neben diese Erfahrungen traten alsbald jene stark negativen Eindrücke während eines Aufenthaltes in den USA, die Sayyid Qutb vermehrt über den zivilisatorischen Konflikt zwischen Iman/Glauben und Kufr/Unglauben nachdenken ließen.

In vielen seiner Schriften stehen Sayyid Qutbs Konzeptionen der Hakimiyya (ḥākimiyya) und der Dschahiliyya (ǧāhiliyya) im Mittelpunkt. Unter Hakimiyya versteht Qutb die Souveränität Gottes in einer vom Koran durchherrschten islamischen Gesellschaft, die er als ideale Ordnung der unter der Souveränität des Menschen stehenden Gesellschaft gegenüberstellt, die als unislamisch, heidnisch und barbarisch bezeichnet wird. Dieser unislamischen Ordnung richtet Qutb den Dschihad entgegen, um die Herrschaft des wahren Islam zu erringen. Für den Fall, dass der Staat mit Gewalt den Islam zu verhindern trachtet, rechtfertigt Qutb die Gegengewalt: die der Gläubigen.

Die zweite Konzeption mit dem zentralen Begriff der Dschahiliyya bezeichnet den Zustand der vorislamischen Unwissenheit und Verblendung: einen Zustand, der sich auf keine bestimmte Zeitperiode bezieht, sondern immer dann zu verzeichnen ist, wenn die Gesellschaft vom Weg des Islam abweicht und – wie die zeitgenössische Gesellschaft Qutbs – nur noch nominell als islamisch gelten kann. Einer solchen nominell islamischen Gesellschaft, die die Gebote Gottes durch Gesetze nicht-islamischen Ursprungs ersetzt, richtet Qutb die Herrschaft der Souveränität Gottes entgegen. Die Existenz von Koran und Scharia bilden für ihn das Kriterium für den Unterschied zwischen Gerechtigkeit und Tyrannei. Während sich die Gerechtigkeit in einer Herrschaft entsprechend der Scharia manifestiere, verdränge die Tyrannei die mit der Scharia als verbunden angesehene Souveränität Gottes (s. Krämer 1999). Für ihn manifestiert sich mithin die islamische Ordnung durch die Geltung der Scharia und die von Gott offenbarten Gebote. Erreicht könne diese islamische Ordnung nur dadurch werden, dass alle Gesellschaften, die nicht der islamischen Ordnung entsprechen, bekämpft werden. Dies gelte deshalb auch für eine säkulare muslimische Gesellschaft, die die Scharia nur sporadisch umsetze und die absolute Souveränität Gottes nicht beachte.

Sayyid Qutb zielte darauf ab, immer wieder erneut die umfassende Grundidee des Seins zu erkennen, die Gott den Menschen offenbart habe. Der Islam umfasse die „wahre Beschaffenheit der Beziehung zwischen Schöpfer und Schöpfung" (Qutb 1954, S. 23).[1] Und wenn diese universale Konzeption nicht mehr existiere, dann habe sich die Dschahiliyya ausgebreitet und dann müsse eine revolutionäre Avantgarde die betreffende Gesellschaft umgestalten, dann müsse – diese Argumentation wird zunehmend dominant – die islamische Welt von jenen westlich-ideologischen Einflüssen befreit werden, die seit den Kreuzzügen, dem Kolonialismus und der strukturellen Abhängigkeit in der bestehenden Weltordnung westlicher Prägung bestünden. Es gelte, die geistig-moralische Wende in der Frontstellung zum Westen zu vollziehen und „den Geist der Kreuzzüge, der den Okzidentalen im Blut" liege und sich in ihr „Unterbewusstsein eingeschlichen" habe, zu bekämpfen (Qutb 1954, S. 238).

Um den großen Einfluss zu verstehen, den Qutbs Gedanken auf bedeutende Islamisten und Dschihadisten – vor allem auf Bin Laden und die al-Qaida – hatten, seien kurz ein paar weitere Gedanken genannt: Sayyid Qutb verfocht eine „islamische Gesellschaft", die „nicht lediglich ein historisches Bild" sei, „nach dem in den Erinnerungen der Vergangenheit zu suchen ist", sondern „eine Forderung der Gegenwart und eine Hoffnung der Zukunft. Sie ist ein Ziel, zu dem die ganze

---

[1] Die Aussagen Sayyid Qutbs werden zitiert nach der deutschen Übersetzung von Sabine Damir-Geilsdorf (2003).

Menschheit heute und morgen aufschauen kann, um sich damit aus dem Abgrund der Dschahiliyya zu erheben, in den sie gefallen ist" (Qutb 1995, S. 131 f.). Qutb war und ist für viele der Prophet des Islamismus und des Dschihadismus und der Analytiker des zeitgenössischen „Feindbildes Westen" in der islamischen Zivilisation. Er ist darüber hinaus der Apologet des gewaltsamen Kampfes gegen den „weißen Mann", in dem er den „Feind der Menschheit" sieht. Qutb war Vorkämpfer der islamistischen Mission, die Welt von der Vorherrschaft des Westens durch eine Revolution zu befreien, die die westliche Welt durch eine islamische ersetzen solle, und er war der revolutionäre Analytiker einer antagonistischen Zweiteilung der Welt: „Jedes Land, das den Muslim in seiner Glaubenslehre bekämpft, ihn an seinem System hindert und die Gültigkeit seiner Scharia außer Kraft setzt, ist das ‚dār al-harb' (Gebiet des Krieges) ... Jedes Land, in dem seine Glaubenslehre existiert und seine Scharia Gültigkeit hat, ist das ‚dār al-Islām' (Gebiet des Islam) ..." (Qutb 1995, S. 159).

Sayyid Qutb nimmt hier allerdings eine Differenzierung vor. Entscheidend für die jeweilige Zugehörigkeit sei die politische Ordnung, nicht der Glaube der Bewohner: „Das Land, das von der islamischen Ordnung beherrscht und von der islamischen Scharia regiert wird, betrachtet der Islam als ‚dār al-Islām' (Gebiet des Islam), egal ob alle seine Bewohner seine Glaubenslehre angenommen haben oder einige von ihnen anderen Religionen angehören". Er betrachtet das Land, „das nicht von der islamischen Ordnung beherrscht und nicht von der islamischen Scharia regiert wird, als ‚dār al-harb' (Gebiet des Krieges), egal wie seine Bewohner auch sind" (Qutb 1995, S. 157).

Unabhängig von dieser Unterscheidung bleibt Qutbs Aufruf, die Welt von der Vorherrschaft des Westens durch eine „islamische Weltrevolution" zu befreien. Daraus erklären sich dann auch die Worte Lawrence Wrights (2008, S. 42) – nach einem Interview mit seinem Bruder Mohammed Qutb:

Sayyid Qutb wurde am 29. August 1966 kurz nach dem Morgengebet gehängt. Die Regierung weigerte sich, seinen Leichnam der Familie auszuhändigen, weil sie fürchtete, dass das Grab zu einem Wallfahrtsort für seine Anhänger werden könnte. Die radikale islamistische Bedrohung schien nun ihr Ende gefunden zu haben. Doch Qutbs Anhänger saßen bereits in den Startlöchern.

Die Khomeini-Revolution und die Repolitisierung des Islam 5

5.1 Die Revolution

Dass die verschiedenartige Religionstradition in den islamischen Ländern jeweils eine theologisch-politische Dimension aufweist, zeigt sich besonders deutlich bei der Betrachtung der Khomeini-Revolution im Iran. Damals, im Februar 1979, ist erstmals in der iranischen Geschichte die schiitische Konfession in ein Stadium eingetreten, in dem unter der Leitung des schiitischen Klerus eine religiös legitimierte Herrschaft entstand. Zwar hat sich der schiitische Islam immer auf einen Klerus stützen können, der sich autonomer gegenüber der jeweiligen Herrschaft verhielt als die sunnitischen Geistlichen. Doch während der Abwesenheit des „entrückten" zwölften Imam, der den Safawiden zufolge seit dem 9. Jahrhundert in „Verborgenheit" lebt, war nach der schiitischen Doktrin im Grunde jede Herrschaft – auch die des Klerus – illegitim. Erst Ayatollah Ruhollah Khomeini entwickelte in diesem Kontext seine eigene Doktrin der Wilayat al-faqih, der Herrschaft des anerkannten Gottesgelehrten. Damit avancierte im Iran unter der Führung Khomeinis der schiitische Klerus, dessen Herrschaft jahrhundertelang als illegitim galt, zu den Trägern der Herrschaft (siehe Abb. 5.1 und 5.2).

Bedeutsam für die Khomeini-Revolution, die ein Paradigma islamistischer Machtergreifung darstellt, war nicht zuletzt die Tatsache, dass die schiitischen Ulema (die Religionsgelehrten) ökonomisch stark genug waren, um Khomeinis Rückkehr in den Iran und zuvor seine vielfältigen Aktivitäten in Frankreich zu finanzieren. Die Ulema hatten ein Bündnis mit den Basaris, den Handelsleuten, gebildet. Dieses Bündnis, das im Status nascendi von einer breiten Massenbasis getragen wurde, führte zur Revolution und damit zum Ende der Pahlewi-Monarchie.

© Springer Fachmedien Wiesbaden 2015
W. Röhrich, *Die Politisierung des Islam,* essentials,
DOI 10.1007/978-3-658-08941-2_5

So wurde in kurzer Zeit ein autokratisches System gestürzt, das wie kein anderes in der Nahostregion vom Westen unterstützt worden und in amerikanische Interessenpolitik eingebunden gewesen war. Dass dies gelang, lässt sich darauf zurückführen, dass die auf die Landwirtschaft und auf die Industrie zielende Modernisierung der autokratischen Monarchie in der Nachahmung des westlichen Entwicklungsmodells die traditionellen Strukturen beseitigte und damit ein neues soziales und politisches Potential freisetzte, für das die politischen Institutionen fehlten.

Hinzu kam vor allem, dass die Schah-Herrschaft eine nur modernisierte Variante in der Geschichte der orientalischen Despotie verkörperte – ohne jegliche islamische Legitimierung. Die Revolution konnte gelingen, da sie auf autochthone Elemente des schiitischen Islam zurückgriff.

5.2 Charismatische Legitimität

Die Khomeini-Revolution wurde durch die überragende Führerschaft Ayatollah Khomeinis zu einer Bewegung, die im Zeichen des Islam ihre Durchschlagskraft gewann. Khomeini gab dem Iran eine religiös-politische Gestalt, die als islamische Theokratie mit spezifisch schiitischer Färbung umschrieben werden kann. In dieser Ausrichtung stellte der Staat Khomeinis ein einzigartiges und – nach der Kategorienlehre Max Webers – ein charismatisches Phänomen dar. Derart kann man aus westlicher Sicht die auf autochthonen Elementen beruhende und islamisch legitimierte Khomeini-Revolution auch charismatisch deuten. Denn Charisma bedeutet nach Webers idealtypischer Charakterisierung eine als außeralltäglich geltende Qualität einer Persönlichkeit, um derentwillen sie als „mit übernatürlichen oder übermenschlichen oder mindestens spezifisch außeralltäglichen, nicht jedem anderen zugänglichen Kräften oder Eigenschaften [begabt] oder als gottgesandt oder als vorbildlich und deshalb als ‚Führer' gewertet wird" (Weber 1976, S. 140). Die charismatische Herrschaft kennt keine abstrakten Rechtssätze und Reglements. Ihr „objektives" Recht ist „konkreter Ausfluss höchstpersönlichen Erlebnisses von himmlischer Gnade und göttlicher Heldenkraft und bedeutet Ablehnung der Bindung an alle äußerliche Ordnung zugunsten der alleinigen Verklärung der echten Propheten- und Heldengesinnung" (Weber 1976, S. 657).

In dem von Ayatollah Khomeini bestimmten Jahrzehnt wurden wesentliche Grundlagen gelegt, die noch das heutige iranische Regime prägen. Dessen Kerngehalt ist die erwähnte Doktrin der Wilayat al-faqih, wie sie in der Verfassung vom Dezember 1979 betont wurde. Diese erste Verfassung, die ein Gemisch aus Glaubensbekenntnis, Parteiprogramm und Grundgesetz darstellte, spiegelte das schiitische Staats- und Herrschaftsverständnis in khomeinischer Ausprägung wider: In der Islamischen Republik Iran stehe der Führungsauftrag, das Imamat, und die Führungsbefugnis in den Angelegenheiten der islamischen Gemeinschaft dem „gerechten, gottesfürchtigen, über die Erfordernisse der Zeit informierten, tapferen, zur Führung befähigten Rechtsgelehrten" zu. Nach dieser schiitischen Lehre war der Faqih der oberste Richter und Bewahrer aller Staatsorgane, unter dessen direktem Einfluss sämtliche „legislativen, richterlichen und erzieherischen Institutionen" standen. Insgesamt zielte die Republik Khomeinis darauf ab, eine islamische Ordnung zu errichten, wie sie unter dem Imam und Kalifen Ali (656–661 n. Chr.) bestand. Die Verfassung benennt – auch in ihrer zweiten Fassung – den Islam zwölfer-schiitischer Ausprägung als die offizielle Religion des Iran, sie unterstreicht die dominierende Rolle der Geistlichkeit in den staatlichen Institutionen und sieht im islamischen Recht der Scharia die Grundlage des Rechtswesens.

5.3   Der Iran in der Weltpolitik

Mit der Gründung der Islamischen Republik Iran erreichte der seit den frühen 1970er Jahren einsetzende Prozess der Entstehung und Ausbreitung des politischen Islam einen markanten Höhepunkt. Die Revolution erweckte die Hoffnung, als sei damit ein Weg aufgewiesen, den die Muslime zu gehen hätten, um die im Westen gesehene „Krankheit" – die Khomeini auf den Begriff der „Westkrankheit" brachte – zu überwinden. Bei Beobachtern wie Betroffenen breitete sich die Erwartung wie die Befürchtung aus, die ursprünglich von einem breiten Konsens der Bevölkerung getragene Revolution könne eine neue historische Epoche in der Welt des Islam einleiten. Nachdem dieser Konsens verloren ging, kam Khomeini der irakisch-iranische Krieg, der die seit langem währende Wirtschaftskrise intensivierte, nicht ungelegen, diente er doch der Stabilität der Islamischen Republik, insofern er von inneren Problemen ablenkte. Zudem reflektierte dieser Krieg wichtige politische Intentionen. Deutlich wurde dies vor allem in der Phase nach Mitte 1982, als die iranische Führung vor der Frage stand, ob sie nach dem Rückzug der irakischen Truppen den Krieg weiterführen sollte. Ayatollah Khomeini entschied sich für die Fortsetzung – nicht zuletzt deshalb, weil er den universalistischen Anspruch des von ihm vertretenen Islam dokumentieren wollte.

Neben diese Intention trat die politische Revolte gegen den Westen – vor allem gegen den Protagonisten der Verwestlichung und den „Verursacher" des Identitätsverlustes der Muslime: gegen die Vereinigten Staaten und im weiteren Kontext gegen Israel als Manifestation westlicher Dominanz und Einflussnahme auf die islamische Welt. Damals verbreitete sich der Slogan: „Der Weg nach Jerusalem geht über Kerbela", über die im Irak gelegene Grabstätte des als Märtyrer verehrten schiitischen dritten Imam Husain. „Kerbela" stand für die Befreiung der Muslime von ihren inneren Feinden, den Abtrünnigen wie Saddam Hussein. Und „der Weg nach Jerusalem" kennzeichnete die Befreiung der Welt des Islam von ihren äußeren Feinden. In diesem Kontext ist die von der iranischen Führung im Krieg gebrauchte Rhetorik enthüllend: Der Krieg wurde zum Dschihad: ein Begriff, der im Koran ursprünglich die „Anstrengung zur Verbreitung des Islam gegen die Ungläubigen" bedeutet, hier aber – analog dem Dschihad-Krieg in der Tradition der islamischen Welteroberung – als gottgewollter Krieg herausgestellt wurde. Das Heer wurde zum Heer des Mahdi: des auf die Welt zurückkehrenden „verborgenen Imam", und das Sterben im Kampf wurde zum Martyrium.

Im außenpolitischen Rahmen wurde sowohl von den konservativen Khomeinisten als auch von den Linksislamisten die theokratische Ordnung im Iran als eine Mahnung für die Muslime präsentiert, ihre fundamentalen Lehren anzuerkennen und Widerstand gegen den amerikanischen Einfluss im Nahen Osten zu leisten. Nicht von ungefähr, denn nach dem Sieg der iranischen Revolution unternahmen die Vereinigten Staaten aus der Sicht der Iraner ab 1980 nahezu alles, um die iranische Entwicklung zu erschweren. Dazu zählten neben der Unterstützung Saddam Husseins im irakisch-iranischen Krieg das Wirtschaftsembargo und insbesondere die Bereitstellung eines Budgets zum Sturz des iranischen Regimes.

Die außenpolitischen Beziehungen der Islamischen Republik Iran – damit zu einem kurzen Ausblick – waren durch die teilweise Isolation des Iran nach der Khomeini-Revolution geprägt. Der Iran suchte politische Kontakte und trat 1979 der Bewegung der Blockfreien Staaten bei. Auf deren Gipfeltreffen von 2012, das in Teheran stattfand, übernahm der Iran unter Ayatollah Ali Khamenei, dem Nachfolger Khomeinis, für drei Jahre die Präsidentschaft der Organisation. Gleichzeitig kam es zu einer schleppenden Annäherung an die USA. Im Mai 2007 hatten in Bagdad die ersten diplomatischen Gespräche zwischen dem Iran und den Vereinigten Staaten seit der iranischen Revolution stattgefunden. Es war um eine allmähliche Entspannung der bilateralen Beziehungen zwischen den beiden Ländern gegangen, die durch das iranische Atomprogramm erneut belastet waren. Erst der 2013 gewählte Präsident Hassan Rohani besuchte kurz nach seinem Amtsantritt anlässlich seiner Rede über den friedlichen Charakter des iranischen Atomprogramms vor der UN-Vollversammlung die USA, was auch ohne ein Treffen mit Präsident Obama als ein Fortschritt in den Beziehungen beider Staaten gewertet wurde.

Die palästinensische Politisierung des Islam: Die Hamas

6

Die Politisierung des Islam in Gestalt des palästinensischen Islamismus der Hamas kennzeichnet noch immer den problembeladenen Israelisch-Palästinensischen-Konflikt, der den Kern des Nahostkonflikts bildet. Im Sechstagekrieg vom Juni 1967 hatte Israel das Westjordanland (inklusive Ostjerusalem) und den Gazastreifen erobert. Die darauf folgenden Autonomiebemühungen für die palästinensischen Gebiete scheiterten an Israel und führten vermehrt zu einer Repolitisierung des palästinensischen Islam – wenngleich die Hamas, wie nachfolgend vermerkt, auch den parlamentarischen Weg einzuschlagen versuchte.

Derart kam es geraume Zeit vor den palästinensischen Parlamentswahlen vom Januar 2006, in denen die islamistische Hamas die Mehrheit im palästinensischen Legislativrat erlangte, in Palästina stets erneut zu gewaltsamen Widerstandsaktionen gegen Israel. Im Oktober 1959 war die Fatah-Bewegung entstanden, die sich als revolutionäre Vorhut der arabischen Einheit begriff und später die stärkste Fraktion der PLO verkörperte. Im Mai 1964 wurde diese Palästinensische Befreiungsorganisation als Vertretung des arabischen Volkes in Palästina im Rahmen einer panarabischen Bewegung geschaffen – jene PLO, deren langjähriger Vorsitzender Jassir Arafat maßgeblich dazu beitrug, ein palästinensisches Nationalbewusstsein zu schaffen.

Die Periode nach der ersten Intifada (1987–1993) – die Zeit der Bemühungen, auf der Grundlage des Abkommens von Camp David doch noch eine Teillösung im Nahost-Friedensprozess zu erreichen, die Zeit des Wiederausbruchs der Intifada im September 2000 und schließlich die Wahl des Hardliners Ariel Sharon zum israelischen Premierminister im Februar 2001 – war durch zahlreiche Konflikte gekennzeichnet. Jede feindliche Maßnahme zog in einer scheinbar unaufhaltsa-

© Springer Fachmedien Wiesbaden 2015
W. Röhrich, *Die Politisierung des Islam,* essentials,
DOI 10.1007/978-3-658-08941-2_6

men Spirale der Gewalt eine Vergeltungsmaßnahme nach sich. Weder die saudische Friedensinitiative vom Februar 2002 noch das von palästinensischen und israelischen Intellektuellen erarbeitete Genfer Abkommen vom Oktober 2003 vermochten die Wechselwirkung zwischen palästinensischen Terroranschlägen und israelischen Militäraktionen zu durchbrechen. Die Zeit wurde in zunehmendem Maße von islamistischen Organisationen bestimmt: vom Islamischen Dschihad in Palästina und vor allem von der Hamas.

Die Hamas war 1987 aus dem palästinensischen Zweig der Muslimbruderschaft heraus gegründet worden. Damit entstanden damals „Parallelwelten" zwischen der PLO bzw. der Fatah und der Hamas. In ihrer Gründungscharta vom August 1988 und in ihrem Flugblatt Nr. 28 erhob die Hamas die Forderung nach einem Palästinenserstaat, der das gesamte historische Gebiet Palästinas umfassen müsse. „Die Muslime", so das Flugblatt, „haben das volle – und nicht nur ein partielles – Recht auf Palästina über Generationen hinweg, in Vergangenheit, Gegenwart und Zukunft." Derart grenzte sich die Hamas gegen die Bereitschaft der PLO ab, Friedensverhandlungen mit Israel aufzunehmen; sie wandte sich gegen die PLO-Agenda und deren Zustimmung zu den UN-Resolutionen 242 und 338, die auf die Anerkennung des Staates Israel zielen. Der von der Hamas geforderte islamisch-palästinensische Staat müsse sich demgegenüber auch auf das israelische Kerngebiet erstrecken.

Der eingangs erwähnte Erfolg der Hamas bei den Wahlen zum palästinensischen Legislativrat vom Januar 2006 war teilweise als ein zunehmender Pragmatismus der Hamas gewertet worden, die sich vom programmatischen Ziel der Zerstörung Israels loslösen und sich möglicherweise am Konzept der Zweistaatenlösung orientieren würde. Dass eine solche Vermutung von offizieller Seite allerdings nicht geteilt wurde, zeigt der Sachverhalt, dass die USA nach dem Wahlsieg der Hamas ihre bisherigen Finanzhilfen für palästinensische Regierungsbehörden einstellten, worauf die Hamas-Regierung im September 2006 geschlossen zurücktrat und eine Regierung der Nationalen Einheit mit der Fatah bildete. Diese Regierungskoalition war, wie zu erwarten, von kurzer Dauer: Noch im November 2006 kam es zu einem israelischen Angriff auf ein Wohnviertel im Gazastreifen, worauf die Hamas die Regierungskoalition beendete und im anschließenden Kampf um Gaza den Gazastreifen unter ihre Kontrolle brachte. Der siebenwöchige Gaza-Krieg vom Sommer 2014 war der bisher letzte große Konflikt.

Die afghanische Politisierung des Islam: Die Taliban 7

Die Taliban-Bewegung, deren Totalitaristen sich Dschihad-Kämpfer nennen, zählt zu jenen islamistischen und dschihadistischen Organisationen, die mit ihrem Neo-Dschihad den gewaltsamen Kampf zur Durchsetzung ihrer politischen Ziele führen. Islamismus und Gewalt bilden bei den Terrorfeldzügen und der Einführung eines Emirats eine Einheit. Dieser politische Islam der Taliban verbindet sich mit einer religiösen Überzeugung, die auf dem Deobandismus der islamischen Hochschule Darul Uloom in der indischen Kleinstadt Deoband gründet, die einen dogmatischen, orthodoxen und puritanischen Islam vertritt: Kein „Vermittler" zu Gott, sondern Gott allein darf angerufen und angebetet werden. Schiiten, Christen und Juden werden als Ungläubige betrachtet. Der Islam des Deobandismus beinhaltet eine stark negative Haltung gegenüber allem Westlichen und Vorislamischen. Dementsprechend betont die Hochschule die Notwendigkeit, den Westen, vor allem die USA, zu bekämpfen und einen Dschihad gegen die Ungläubigen zu führen. Bedeutsam ist, dass eine islamistische Niederlassung der Hochschule in Pakistan besteht, wo mehrere Führer der Taliban und auch Mohammed Omar (Mullah Omar) ausgebildet wurden. Bedeutsam ist auch, dass zahlreiche pakistanische Medressen von Deobandis geleitet werden – Koranschulen, in denen der Deoband-Islam gelehrt wird.

Die islamistischen Milizen der Taliban, die sich zu einem Großteil aus diesen Koranschulen rekrutierten, entstanden in den frühen 1990er Jahren als eine Organisation paschtunisch-afghanischer Flüchtlinge nach dem Krieg gegen die Sowjetunion. Unter der Führung des radikalen Islamisten Mullah Omar setzten die Taliban-Milizen alles auf die Eroberung Afghanistans. Im Herbst 1994 traten sie erstmals in der Stadt Kandahar, der späteren Hochburg der Taliban, auf. Von

© Springer Fachmedien Wiesbaden 2015
W. Röhrich, *Die Politisierung des Islam*, essentials,
DOI 10.1007/978-3-658-08941-2_7

dort aus nahmen sie die paschtunischen Gebiete im Süden und Osten des Landes ein. 1995 waren die Milizen bis kurz vor die Hauptstadt Kabul vorgedrungen und hatten Herat in Westafghanistan besetzt. Mit der Einnahme Kabuls im September 1996 erreichte Omar mit den Taliban-Milizen die militärische Herrschaft über Afghanistan. Mullah Omar, dem von afghanischen Geistlichen der Titel „Führer der Gläubigen" verliehen wurde, war damit Oberhaupt des von ihm errichteten Islamischen Emirats Afghanistan, das von Pakistan, Saudi-Arabien und den Vereinigten Arabischen Emiraten anerkannt wurde.

In diesem Emirat – das als Exkurs – tolerierte Mullah Omar die Aktivitäten der al-Qaida Osama Bin Ladens, die 1988 in Peschawar gegründet worden war. Bin Laden ließ sich mit den al-Qaida-Familien (etwa 250 Personen) in Dschalalabad, in Kandahar und teils auch in Kabul nieder. Von 1996 an entstanden die zahlreichen Trainingslager wie in Khaldan bei Dschalalabad und in Faruk in der Nähe von Khost, von denen aus die Dschihad-Kämpfer operierten. Die al-Qaida Bin Ladens und al-Zawahiris stand bis 2001 unter dem Schutz des Taliban-Regimes.

Damit erneut zu den Taliban-Milizen und zur Machtstruktur des Islamischen Emirats. Das Land erlebte unter Mullah Omar und den Milizen eine Schreckensherrschaft: Im Mittelpunkt standen nicht nur die streng ausgelegte Scharia, sondern auch die systematischen Massaker und andere Gräueltaten an der Zivilbevölkerung. Nach Zeugenaussagen wurden Enthauptungen und Häutungen vorgenommen. Es kam zu ethnischen Säuberungen in der schiitischen Volksgruppe der Hazara. Mädchen war es verboten, eine Schule zu besuchen. Frauen, die eine Burka zu tragen gezwungen wurden, durften keiner beruflichen Arbeit nachgehen. Weit darüber hinaus wurden Frauen entführt und in die Sklaverei in Afghanistan oder in die Zwangsprostitution in Pakistan verkauft.

Die Taliban-Herrschaft endete im Oktober 2001. Im Zuge des Kampfes gegen den Terrorismus nach Nine Eleven führten die USA und ihre Verbündeten vom 7. Oktober an einen Krieg gegen die al-Qaida in Afghanistan und das Regime der Taliban, das nach nur zwei Monaten aus Kabul vertrieben wurde. Es kam zur westlich orientierten Übergangsregierung Hamid Karzais – unterstützt durch eine starke ausländische Truppenpräsenz.

Die Karzai-Regierung war weit davon entfernt, zur Lösung der Probleme beizutragen. Ab 2005 führten die Taliban von Pakistan aus immer wieder terroristische Kampagnen gegen die Regierung und die Truppen der ISAF. Die Aktionen reichten von massiven Angriffen auf Militäreinrichtungen bis hin zu Selbstmordattentaten, die sich zunehmend gegen Zivilisten richteten. Inzwischen führt die Reduktion der ausländischen Truppen zu einer Intensivierung der islamistischen Gewalt, die durch den Abzug der ISAF-Schutztruppe noch stärker werden könnte.

Al-Qaida und der 11. September 2001   8

Ich habe keinen Zweifel daran, dass der ägyptische Terrorpilot Mohammed Atta beim Steuern der Todesmaschine auf das New Yorker World Trade Center die in New York entstandene Formel Qutbs: ‚Es ist ein Krieg zwischen Iman/Glauben und Kufr/Unglauben' im Kopf hatte (Tibi 2002, S. 169).

8.1 Die Anschläge und der Dschihad-Krieg

Die Terroranschläge auf das World Trade Center mitten in Manhattan und auf das Pentagon in Washington am 11. September 2001 trafen eine Nation, die sich auf heimischem Boden unangreifbar wähnte. Damals hatten al-Qaida-Terroristen vier Passagierjets gekapert, von denen zwei in die Twin Towers und einer in das Pentagon gesteuert wurden. Das vierte Flugzeug, das vermutlich das Kapitol oder das Weiße Haus zerstören sollte, konnte von Passagieren zum Absturz gebracht werden. In Manhattan stürzten der Südturm nach etwa neunzig Minuten und der Nordturm nach etwa zwei Stunden vollständig ein (siehe Abb. 8.1 und 8.2), wobei sie über 3000 Menschen unter sich begruben. Außerdem starben alle Passagiere und zahlreiche Feuerwehrleute sowie viele Menschen im Pentagon. Der tiefe Schock der Amerikaner, den diese Anschläge auslösten, lässt sich kaum in Worte fassen. Die Illusion von Sicherheit galt nicht mehr. Das World Trade Center in Trümmern, Teile des Pentagons in Flammen, das Weiße Haus evakuiert, die Flughäfen geschlossen. Die Szene übertraf jene Fiktion der ins Meer stürzenden Freiheitsstatue in Roland Emmerichs Film „Independence Day".

Man muss sich ein paar Fakten vergegenwärtigen, um diesen Schock zu verstehen: In strenger Einheit von Glauben und Politik hatte sich in den Vereinigten

© Springer Fachmedien Wiesbaden 2015   23
W. Röhrich, *Die Politisierung des Islam*, essentials,
DOI 10.1007/978-3-658-08941-2_8

Staaten ein christliches Gemeinwesen herausgebildet – verbunden mit dem stolzen Bewusstsein der Amerikaner, dass ihr Land „God's Own Country" sei. Hinzu kam, dass nach dem Ende des Ost-West-Konflikts und dem Zerfall der Sowjetunion im Jahre 1991 die Vereinigten Staaten zur alleinigen Supermacht avancierten. George Bush senior sprach damals von einer neuen Weltordnung und meinte damit in Anlehnung an die These vom „Ende der Geschichte" von Francis Fukuyama (1992) den globalen Sieg der liberalen Demokratie und der freien Marktwirtschaft unter politischer und ökonomischer Führung der Vereinigten Staaten. „Wir hatten an etwas geglaubt", so beschreibt Norman Mailer (2003, S. 19) die Situation nach den Anschlägen: „Das Schiff der Vereinigten Staaten war unangreifbar und folgte einem großartigen Kurs. Wir steuerten einer strahlenden Zukunft entgegen. Plötzlich dieser Gewissheit beraubt zu sein, war nicht anders, als wäre man selber der Verräter am großen Ganzen. Also scharten wir uns um George W. Bush." Sicherlich, die Vereinigten Staaten bildeten schon immer das Ziel nahöstlichen Terrors. Doch noch nie wurden sie so zentral getroffen wie am 11. September. Bomben im Libanon, Anschläge auf die amerikanischen Botschaften in Kenia und Tansania, Entführungen, selbst der Autobombenanschlag von 1993 auf das World Trade Center: das war ein Terror, der die Vereinigten Staaten traf, den sie aber auch irgendwie überwanden. Dieses Mal zeigte sich die Verwundbarkeit der Supermacht durch einen konzentrierten Angriff, der erstmals seit 1812 ein Angriff auf die Amerikaner in Amerika war, direkt auf Ziele mit einer hohen Symbolkraft – durch einen Angriff, der einem Krieg gleichkam, den die Vereinigten Staaten auf ihrem Boden nie hatten erleben müssen, obwohl sie sich bei ihrem hartnäckigen Unterfangen, ihren American Way of Life auf weltweitem Terrain zu implantieren, nicht wenige Feinde gemacht haben.

In einem Land, das zu den religiösesten und kirchgangsfreudigsten Nationen der Welt zählt, hatte sich nun für die Bush-Administration jenes Böse manifestiert, das nach Norman Mailer (2003, S. 29) darin besteht, „ziemlich genau zu wissen, welch irreparablen Schaden man anrichten wird, und es trotzdem zu tun". Die Inkarnation dieses schlechthin Bösen war für George W. Bush die al-Qaida-Organisation und der saudische Terrorist Osama Bin Laden, der nun der westlichen, vorrangig der amerikanischen Welt den Krieg erklärt hatte. Dem „War on America" (George W. Bush) musste dem amerikanischen Präsidenten zufolge der Krieg zur „Selbstverteidigung" Amerikas folgen, dessen Konzeption sich in Umrissen erkennen ließ: In einer langandauernden Aktion mit verschiedenen militärischen Operationen galt es, den Krieg gegen den Terrorismus zu führen: „Dieser Kreuzzug", so die problematische Wortwahl, „dieser Krieg gegen den Terrorismus, wird Zeit in Anspruch nehmen." Demgegenüber erklärte Bin Laden unter Rückgriff auf eine Formulierung Sayyid Qutbs: „Dieser Krieg ist ein Religionskrieg zwischen Iman/ Glauben und Kufr/Unglauben."

Das letzte Zitat ist aufschlussreich: Die Anschläge vom 11. September waren ein Glaubensakt, und Bin Laden wollte sie, wie er in seiner von al-Dschasira ausgestrahlten Video-Ansprache am 7. Oktober 2001, am Tag der ersten US-Luftangriffe auf Stellungen der Taliban, vermerkte, als einen Krieg zwischen dem Islam und dem Westen gewertet wissen. Dem so orientierten Terrorismus entsprach eine offensive Strategie im Rahmen eines asymmetrischen Kriegs. Er wurde als ein Dschihad-Krieg mit Dschihad-Kämpfern geführt, die sich als Glaubenskrieger verstanden. Die Legitimität dieser kriegerischen Gewalt war mit dem Ziel verbunden, die Welt von der Vorherrschaft des Westens durch eine „islamische Weltrevolution" zu befreien, wie dies Sayyid Qutb propagiert hatte. In seiner Video-Ansprache wies der al-Qaida-Führer darauf hin, wer sich auf dem Pfad Gottes befinde, dem gehöre der Sieg auf Erden und das Paradies im Himmel.

Interessant ist in diesem Zusammenhang die „Geistliche Anleitung" der Attentäter des 11. September, interessant gleichermaßen sind Details der erwähnten Video-Ansprache Bin Ladens: Amerikas „herrlichste Gebäude wurden zerstört, und dafür danken wir Gott. Da habt ihr Amerika, von Nord bis Süd, von West bis Ost mit Furcht erfüllt. Gott sei Dank dafür." Dann folgte der Aufruf: „Diese Ereignisse haben die Welt gespalten. Auf der einen Seite stehen die Gläubigen, auf der anderen die Ungläubigen. Möge Gott euch von den Ungläubigen fern halten. Alle Muslime müssen herbeieilen, um ihrer Religion zum Sieg zu verhelfen. Der Sturm des Glaubens hat sich erhoben" (Wright 2008, S. 462).

8.2   Al Qaida: Die Strategie und die Struktur

Gleichwohl entsprachen die Anschläge vom 11. September nur einem, wenn auch dem wichtigsten Ziel der al-Qaida. Hier ist darauf hinzuweisen, dass die al-Qaida-Führer, der Saudi Osama Bin Laden und der Ägypter Aiman al-Zawahiri, den Kampf gegen den „nahen" und den „fernen" Feind kannten und zuerst den Sturz der Regierungen ihrer Herkunftsländer betrieben, die sie in islamische bzw. islamistische Regime umgestalten wollten. So gründete die Strategie beider Führer zunächst auf der Hoffnung, dass es – nach einem Rückzug der USA aus der arabischen Welt – den Islamisten in Saudi-Arabien und Ägypten möglich sei, die dortigen Regime zu stürzen. Bald danach verlagerte sich jedoch der eindeutige Schwerpunkt der al-Qaida-Organisation auf jene Zielsetzung, die al-Zawahiri in seinem Buch „Knights under the Prophet's Banner" (2001) nannte. Hier wurde die antiamerikanische und globale Strategie hervorgehoben, die Überzeugung, dass der Islam die ihm gebührende Rolle in der Welt so lange nicht übernehmen könne, solange in dieser Welt eine Verschwörung gegen den Islam bestehe, die von den USA und den europäischen Ländern, aber auch von Israel ausgehe. „Der Kampf für die Errichtung eines islamischen Staates", so al-Zawahiri, „kann nicht als regionaler Kampf geführt werden: Es wird … deutlich, dass die Allianz der Juden und Kreuzzügler, angeführt von den Vereinigten Staaten, es keiner islamischen Kraft erlauben wird, die Macht in irgendeinem muslimischen Land zu übernehmen. Sie werden alle ihre Ressourcen mobilisieren, um die Dschihad-Bewegung zu schlagen und von der Macht zu verdrängen" (dt. Übers.: Steinberg 2005). Damit entschied sich die Kern-al-Qaida für den Krieg bzw. den Dschihad gegen den Westen.

Die Terroranschläge vom 11. September setzten in antiamerikanischer Zielrichtung den Bombenanschlag auf das World Trade Center (1993) ebenso fort wie die einleitend erwähnten Bombenanschläge auf die amerikanischen Botschaften in Nairobi und Daressalam (1998) und den Anschlag auf die USS Cole im Hafen von Aden (2000). In dieser Zeitspanne entwickelte sich die al-Qaida zu einem planmäßig strukturierten Netzwerk, in dem landsmannschaftliche Einzelgruppierungen bestanden. Der Führer der auf ihn ausgerichteten Organisation war über lange Jahre hinweg Osama Bin Laden, der die militärischen Operationen und Anschläge teils gemeinsam mit Aiman al-Zawahiri, seinem Stellvertreter und Nachfolger, steuerte. Zur al-Qaida-Struktur zählten damals das beratende Gremium des Schura-Rats aus dem engeren Kreis der Gefolgsleute, das Militärische Komitee, das die Anschlagsszenarien entwarf, und das für den Schutz des Führungskaders zuständige Sicherheitskomitee. – Erwähnt sei abschließend als ein interessantes Dokument der ideologischen Übereinstimmung zwischen Bin Laden und al-Zawahiri der mit weiteren Autoren verfasste Aufruf der „Internationalen Islamischen Front für den Dschihad gegen Juden und Kreuzritter" vom Februar 1998, der den USA den Kampf ansagte und in seiner Einleitung den „Schwertvers" aus dem Koran (Sure At-Tauba 5) dem Text voranstellte: „Sind die heiligen Monate abgelaufen, dann tötet die Beigeseller [die Heiden], wo immer ihr sie findet, ergreift sie, belagert sie, und lauert ihnen auf aus jedem Hinterhalt!"[1]

8.3   Der Krieg gegen den Terrorismus

Dem Dschihad als Terrorismus richtete die Bush-Administration jenen „langen und blutigen Krieg gegen den Terrorismus" entgegen, von dem der damalige Verteidigungsminister Rumsfeld im War Cabinet am 15. September 2001 sprach. So führten die Vereinigten Staaten und ihre Verbündeten – wie schon im voranstehenden Kapitel erwähnt – einen Krieg in Afghanistan, der sich gegen das Taliban-Regime

---

[1] Die Sure wurde nach der deutschen Übersetzung von Hartmut Bobzin (Der Koran) zitiert.

und die in Afghanistan operierende al-Qaida wandte. Durch den massiven Einsatz namentlich der amerikanischen Streitkräfte wurde das Taliban-Regime sehr schnell, in nur zwei Monaten, von der Macht in Kabul vertrieben. Vom Dezember 2001 an sollte eine Übergangsregierung unter der Führung Hamid Karzais die ihr übertragene problembeladene Regierungskompetenz ausüben.

Einzelheiten hinsichtlich der Vereinten Nationen, der Kontroversen mit den Bündnispartnern und der negativen Resultate der eingesetzten Expertenkommission können hier übergangen werden. Herauszustellen ist, dass im März 2003 die Vereinigten Staaten und Großbritannien (unterstützt durch eine multinationale Invasionstruppe) – ohne völkerrechtliches Mandat und ohne wahren Grund – einen Krieg gegen den Irak und Saddam Hussein begannen, dem unterstellt wurde, über Massenvernichtungswaffen zu verfügen und mit Terrorgruppen zusammenzuarbeiten. Präsident Bush behauptete noch zwei Tage vor Beginn der Bombardierung Bagdads, Geheimdienstinformationen der amerikanischen und anderer Regierungen ließen keinen Zweifel daran, dass das irakische Regime „einige der tödlichsten Waffen besitzt und versteckt, die jemals entworfen wurden" (White House 2003).

Der Krieg im Zweistromland, der zudem gegen eine angeblich akute Angriffsabsicht Husseins geführt wurde, basierte auf einer Bedrohungslüge, um die völkerrechtlichen Prinzipien außer Kraft zu setzen, und zeugte von einer neuen Sicherheitsstrategie der amerikanischen Außenpolitik, die von nun an auf der Präventivkriegsdoktrin beruhte. Diese neue Bush-Doktrin, die der Präsident erstmals im Juni 2002 in der West-Point-Militärakademie vorstellte, legte die Vorverlagerung militärischer Verteidigung auf drohende Angriffe, die sogenannte Präventivverteidigung, als strategische Option fest. Damit erweiterte sie den Anwendungsbereich der Selbstverteidigung, die die UN-Charta ausschließlich auf den Fall „eines bewaffneten Angriffs" beschränkt. Die Bush-Doktrin der Präventivverteidigung stellt damit eine eindeutige Verletzung der UN-Charta dar.

8.4 Al-Qaida: Der Wandel

Durch die weltweiten Kampfmaßnahmen gegen al-Qaida ab 2002 und durch den Waffengang der USA und ihrer Koalition ab 2001 verlor al-Qaida ihre organisatorische Struktur. Die Kern-al-Qaida hat hierbei einen Wandel vollzogen – vom zentralisierten zum dezentralisierten Terrorismus. War al-Qaida bei den lange vorbereiteten Anschlägen vom 11. September 2001 noch eine planmäßig strukturierte Organisation, so begann sie sich nach dem Krieg in Afghanistan und der Zerstörung ihrer dortigen Trainingslager aufzuspalten und zu regionalisieren. Aus der von Osama Bin Laden und Aiman al-Zawahiri gelenkten Kern-al-Qaida bildeten sich lokale Gruppen in zahlreichen Ländern heraus. Ihnen gemeinsam waren und sind die Dschihad-Ideologie und die Märtyrer-Waffe des Selbstmordattentates. Diese getrennt agierenden Gruppen zielten darauf ab, Terrorakte von weltweiter Breitenwirkung zu verüben – gemeinsam mit den örtlichen Terroristen oder auch unabhängig von ihnen. Aus al-Qaida erwuchs der al-Qaidaismus.

Ein Land, in dem al-Qaida unabhängig von den weiteren Terrorgruppen agierte, ist der Irak. Der völkerrechtswidrige Krieg im Zweistromland und die „Nachkriegszeit" im Irak forcierten den al-Qaidaismus. Mit dem Sieg über Saddam Hussein zerstörten die Vereinigten Staaten das neben Syrien einzige laizistische Regime im islamischen Nahen Osten, das mit eiserner Hand die religiösen Kollektive zusammenhielt. Sie öffneten damit gleichsam die Büchse der Pandora und setzten den Sunna-Schia-Konflikt frei. So traten alsbald sunnitische und schiitische Islamisten auf den Plan; die Terrorfronten weiteten sich aus. Und die heftigsten Anschläge gingen von dem jordanischen Terroristen Abu Musab al-Zarqawi aus. Darüber wird im nächsten Kapitel zu sprechen sein.

Im Unterschied zum Terrorismus im Irak bestanden in den russischen Kaukasusrepubliken gemeinsame Aktionen zwischen al-Qaida und den örtlichen Freiheitskämpfern und Terroristen. Dort wurde die al-Qaida-Ideologie nicht erst durch das Geiseldrama von Beslan sichtbar. Bereits im Juni 1995 hatte der Rebellenführer Shamil Bassajew von sich reden gemacht, der sich schon früh in afghanischen al-Qaida-Trainingslagern ausbilden ließ. Damals stürmte er mit mehreren Kämpfern das Krankenhaus im südrussischen Budjonnowsk und nahm zahlreiche Menschen als Geiseln. Zudem sind die russischen Kaukasusrepubliken durch eine al-Qaidaisierung gekennzeichnet: Die Rebellen- und Terrorgruppen zwischen Dagestan und Nordossetien werden von al-Qaida-Terroristen unterstützt.

Inzwischen haben sich die kleineren lokalen Organisationen erneut zu großen Bewegungen vereint. Die heute wichtigsten Organisationen sind die al-Qaida im Islamischen Maghreb und die al-Qaida auf der Arabischen Halbinsel. Ihre Ideologie zielt auf den Dschihad als Weltprojekt der Islamisierung.

Der Islamische Staat 9

9.1 Terrorismus im Irak

Im dritten Millennium steht erneut der Gottesstaat im Mittelpunkt des Dschihadismus. Die modernen Dschihadisten sehen im Dschihad den militanten Kampf zur Durchsetzung ihres politischen Islam. Terror und Gewalt dienen als Instrumente, um ihre universale Herrschaft in Gestalt des Kalifats zu errichten. Ihr Zurück zur großen Zeit der ersten Kalifen entspricht der islamistischen Ideologie, die im Kalifen noch immer den Stellvertreter des Propheten sieht. Und dass in der Epoche der rechtgeleiteten Kalifen große Reiche entstanden waren, forciert den expansiven Anspruch der Dschihadisten.

Der prägende Vorkämpfer des modernen Dschihadismus war der jordanische Terrorist Abu Musab al-Zarqawi. Von ihm, dem „Emir von al-Qaida im Zweistromland", wie ihn Bin Laden nannte, gingen über Jahre die heftigsten Terroranschläge im Irak aus. Al-Zarqawi verfolgte zunächst das „nahe" Ziel, das heimische Königshaus in Jordanien zu stürzen, entschloss sich aber alsbald – nach dem Irak-Krieg der USA und ihrer Verbündeten –, den „fernen" Feind in so unmittelbarer Nähe zu bekämpfen. Zu diesem Zweck unternahm die al-Zarqawi-Gruppe, die sich seit 2004 al-Qaida im Irak nannte, eine intensive Internet-Kampagne, in der, vereint mit Texten aus Koran und Sunna, die Aufgabe der Muslime hervorgehoben wurde, den Dschihad gegen die Feinde des Islam und somit gegen die Vereinigten Staaten zu führen. Die Gruppe war für ihre brutalen Taten und Anschläge bekannt, und al-Zarqawi verkörperte jenen Terroristen, der, wie erwähnt, in extremer Weise seine Schreckenstaten ausführte. Für ihn bedeutete der Dschihad eine absolute Notwendigkeit, die Blut fordert. Die von al-Zarqawi betriebenen regelmäßigen

© Springer Fachmedien Wiesbaden 2015
W. Röhrich, *Die Politisierung des Islam*, essentials,
DOI 10.1007/978-3-658-08941-2_9

Terrorakte waren für ihn durch das islamische Recht der Scharia gerechtfertigt. Die Enthauptungen von Geiseln – die Propaganda des Mordens – waren das grausame „Markenzeichen" des radikalen Vorkämpfers des entstehenden „Islamischen Staats im Irak" (ISI).

Im Oktober 2004 leistete al-Zarqawi seinen Treueschwur gegenüber Osama Bin Laden, den er ob der teils unterschiedlichen Ziele der beiden Terroristen lange Zeit vermieden hatte. Ein Punkt der Unterscheidung betraf die von al-Zarqawi begonnene Bürgerkriegsstrategie; sie zielte darauf ab, schiitische Positionen verstärkt anzugreifen, um die schiitische Bevölkerung gegen die sunnitische aufzubringen. Diesem Ziel dienten auch die zahlreichen Anschläge auf schiitische Heiligtümer und Moscheen, vor allem der Bombenanschlag in Kerbela am Aschura-Fest der Schiiten im März 2004. Gemeinsam mit dem schiitischen Geistlichen Ayatollah al-Sistani verurteilte die al-Qaida-Führung den antischiitischen Terrorismus. Im Gegensatz hierzu sprach sich Abu Umar al-Baghdadi, der Nachfolger al-Zarqawis und ISI-Gründer, dafür aus, den Dschihad gegen die irakischen Schiiten entschieden weiterzuführen. Hier verdeutlichten sich die prinzipiell verschiedenartigen Strategien des ISI und der al-Qaida-Führung.

Gewichtige Daten waren für die irakische Terrororganisation der 7. Juni 2006, an dem durch al-Zarqawis Tod die Dschihadisten ihren charismatischen Führer verloren, und der 15. Oktober 2006, an dem die al-Qaida im Irak den Namen „Islamischer Staat im Irak" (ISI) annahm. So bestand fortan neben der al-Qaida der ISI – zwei Organisationen, die beide den Kampf gegen den „fernen" Feind, die USA im nahen Irak, führten und hierbei das Image der al-Qaida aufrechtzuerhalten suchten, in mehreren Teilen der Welt präsent zu sein.

9.2   Die al-Nusra-Front

Syrien, das sich mit dem Nachbarland Irak eine Grenze von über 600 km teilt, ist angesichts des Expansionsstrebens des „Islamischen Staats" von besonderer Bedeutung. Hier brach im März 2011 im Rahmen der arabischen Revolution jener Aufstand gegen das Baschar al-Assad-Regime aus, dessen brutale Reaktion sehr rasch zum Bürgerkrieg in Syrien führte. Wenige Monate später formierte sich der Kampfverband der al-Nusra-Front als dschihadistische Bewegung, die sich vor allem gegen Baschar al-Assad, aber auch gegen den „Westen und die USA" wandte und anstelle des laizistischen Assad-Regimes einen islamischen Staat zu errichten beabsichtigte. Es ist hier nicht der Raum, auf die einzelnen Entwicklungsetappen der al-Nusra-Front einzugehen. Was in diesem Kontext interessiert, ist das Verhältnis zwischen dieser dschihadistischen Bewegung und dem ISI; es verschlechterte sich dadurch, dass sich der Führer der al-Nusra-Front, der Syrer Abu Muhammad al-Jaulani, dem Einfluss des ISI zunehmend entzog und sich der al-Qaida zuwandte. Die Differenzen spitzten sich zu, als Abu Bakr al-Baghdadi (der Führer des ISI seit dem Tod Abu Umar al-Baghdadis im April 2010) erklärte, die al-Nusra-Front sei ein fester Bestandteil des ISI; al-Jaulani leistete daraufhin gegenüber dem inzwischen alleinigen al-Qaida-Führer al-Zawahiri (nach dem Tod Osama Bin Ladens am 2. Mai 2011) den Treueschwur. Der Disput zeugte im Grunde für den jeweiligen Machtanspruch der al-Qaida und des ISI. Al-Baghdadi wollte die ISI-Operationen nicht auf den Irak beschränken, sondern sie auf Syrien und in naher Zukunft auf die weiteren Staaten am östlichen Mittelmeer ausdehnen. Al-Zawahiri dagegen betonte die Notwendigkeit, einzelne Organisationen auf abgegrenzte Operationsgebiete zu konzentrieren.

9.3   Der Dschihad und der Islamische Staat

Die ideologischen und machtpolitischen Auseinandersetzungen zwischen den Dschihadisten und der al-Qaida traten Anfang 2014 weitgehend zurück. Der „Islamische Staat im Irak und in Syrien" (ISIS), wie sich al-Baghdadis Organisation seit April 2013 nannte, hatte in weiten Teilen des West- und Nordiraks die Macht übernommen und damit dokumentiert, dass er den weltweiten Dschihad anzuführen bereit ist. Der zuvor von al-Zawahiri zurückgewiesene Anspruch des ISIS, die dominante dschihadistische Bewegung zu sein, wurde durch die von al-Baghdadi geschaffenen Fakten unterstrichen und durch den nachlassenden Einfluss der al-Qaida erleichtert. Weitere dschihadistische Erfolge waren im März 2014 durch die (erneute) Einnahme der Städte Falludscha und Ramadi westlich von Bagdad zu verzeichnen. Schließlich gelang es im Juni 2014, Mossul, die zweitgrößte Stadt Iraks, einzunehmen. Charakteristisch für die Eroberungen im Irak und in Syrien war nicht nur die dschihadistische Ideologie einer Terrorgruppe aus religiösen Fanatikern (siehe Abb. 9.1 und 9.2) und nüchternen Strategen, sondern vor allem die hemmungslose Brutalität: die Gewalttaten gegen Schiiten, Alawiten und Christen. Kennzeichnend bei den Geländegewinnen der ISIS-Dschihadisten war auch, dass Grenzwälle zwischen Irak und Syrien eingerissen wurden, um die vom europäischen Kolonialismus geschaffene „Schmach" der Nationalstaatsgrenzen zu beseitigen.

In der aufgezeigten Expansion verdeutlichte sich der Anspruch des ISIS bzw. des IS, einen modernen gottgewollten Dschihadismus zu verfolgen, der den brutalen Terrorismus legitimiert, indem er auf eine weltweite Herrschaft des Islam zielt. Die Herausforderung dieses Neo-Dschihad, die sich in der gewaltsamen

Landnahme manifestiert, wirft die Frage nach einer möglichen Parallele zwischen dem modernen Dschihadismus und dem Dschihad der islamischen Religion auf. Diese Frage, die bereits im Abschnitt über die „Politische Ideologie" angesprochen wurde, soll hier ergänzend erörtert werden.

Um den klassischen islamischen Universalismus und dessen Interpretation durch die heutigen Dschihadisten angemessen zu verstehen, muss man erneut auf die islamische Geschichte zurückblicken. Hier wurde die Intention verfolgt, den Islam zu verbreiten und Reiche zu gründen. Diese Expansion vollzog sich mit den kriegerischen Mitteln des Dschihad, den die Muslime als gottgewollten Krieg führten und den die Christen als eine Herausforderung werteten. Sie reagierten mit den Kreuzzügen, die bis heute als „christliche Verschwörung gegen den Islam" (Tibi) das islamische kollektive Gedächtnis mitbestimmen. Im 19. Jahrhundert verdrängte das westliche Kolonisierungsprojekt das islamische Dschihad-Projekt. Die ursprünglich bedrohten Europäer wurden im Zuge der Kolonisierung zur Bedrohung des Islam. Im letzten Drittel des 20. Jahrhunderts breitete sich dann eine Politisierung des Islam und damit ein Islamismus aus, der darauf abzielt, die westliche Weltordnung zu ersetzen.

Die Islamisten und Dschihadisten übersehen zweckorientiert die genuine Bedeutung des Dschihad-Begriffs, der im Koran „Anstrengung zur Verbreitung des Islam gegen die Ungläubigen" meint – eine Begriffsbestimmung, die die kriegerischen Auseinandersetzungen in der islamischen Geschichte nicht ausschloss. Um dies nachvollziehen zu können, muss man zwischen den Mekka- und den Medina-Texten im Koran unterscheiden, die im erwähnten Kapitel zitiert wurden und hier nicht wiederholt zu werden brauchen. An dieser Stelle soll nur darauf hingewiesen werden, dass sich die Aufrufe zur Gewaltanwendung in den Medina-Suren zu einer Dschihad-Doktrin verdichten, dass der Koran jedoch auch beim Dschihad strenge Regeln vorsieht.

Es bleibt festzuhalten, dass die Koran-Suren, auch die von Medina, den Islam nicht als eine Religion des Schwertes definieren. Eine solche Interpretation ist von der koranischen Bedeutung des Islam weit entfernt – ungeachtet der Tatsache, dass die Islamisten und Dschihadisten den Begriff des Dschihad verwenden, um Gewalt und Terrorismus religiös zu legitimieren. Im Grunde geht es hierbei um eine militante Form des radikalen Islamismus. Die Gewalt dient primär als Instrument zur Durchsetzung des angestrebten politischen Islam. Die gewaltsamen Kampfmethoden zielen auf einen islamischen Gottesstaat bzw. auf eine islamische Weltordnung. – Um die Argumentation abzukürzen: Es muss beim Dschihadismus al-Baghdadis beachtet werden, dass er nicht mit dem Dschihad der islamischen Religion übereinstimmt. Die Dschihadisten-Miliz versteht den Dschihadismus ausschließlich als einen gewaltsamen Kampf – zur Ausdehnung des Machtbereichs der Terrororganisation. Und in diesem Prozess sind nicht nur die Nicht-Muslime, sondern auch die Muslime zu bekämpfen, die – wie die Schiiten – einem anderen Islamverständnis folgen.

9.4   Der Islamische Staat und das Kalifat

Auf dem Weg zum Kalifat des „Islamischen Staats", das in diesem Abschnitt näher betrachtet werden soll, ist der Dschihadismus al-Baghdadis vor allem dadurch erstarkt, dass er über Strategen verfügt, die erbeutete Versorgungseinrichtungen unter Kontrolle bringen: Gas- und Ölquellen, Umspannungs- und Wasserkraftwerke, durch die er sich wirtschaftlich und finanziell ausstattet. Die Expansion dieses Dschihadismus, der sich nach der Zielsetzung in seinem Namen ISIS (S = Sham = Levante) auf den Irak und die östlichen Mittelmeerländer Syrien, Libanon, Israel, Palästina und Jordanien erstrecken soll, umfasst weite Gebietsgewinne im Irak und in Syrien. Ziel war lange Zeit die Eroberung Bagdads, was u. a. dazu führte, dass die Vereinigten Staaten nach längerem Zögern zunächst Kriegsschiffe in den Persischen Golf verlegten und dann seit August 2014 mit Luftschlägen gegen die IS-Positionen vorgehen.

Am 29. Juni 2014, dem ersten Fastentag im Monat Ramadan, konnte al-Baghdadi in Mossul das lange geplante Kalifat ausrufen, mit dem sich seitdem der Name „Islamischer Staat" (IS) verbindet. Al-Baghdadi nennt sich von nun an „Kalif Ibrahimi – Gebieter der Gläubigen" und sieht sich als legitimen Nachfolger des Propheten Mohammed.

Eingedenk des Unterschieds zwischen dem Islam als Religion und als politische Ideologie stellt sich die Frage, inwieweit das Kalifat des IS mit dem des Islam der religiösen Ordnungsvorstellung nach in Beziehung steht. Hier bietet sich erneut ein Blick auf die islamische Geschichte an. Die ein Kalifat fordernden Islamisten und Dschihadisten sehen im Ur-Islam die Leitbilder für alle Zeiten gesetzt. Für sie sind die Ereignisse in Mekka und Medina während der kurzen Ära der Führung des Propheten keine unwiederholbaren Vorbilder, sondern ein politisches Programm für die Gegenwart. Damals bildete sich mit der Gemeinde von Medina ein islamischer Staat heraus, in dem Religion und Politik im Einklang standen. Und bereits 630 n. Chr. erstreckte sich die islamische Ordnung über den größten Teil der Arabischen Halbinsel. Zwei Jahre darauf, nach dem Tod des Propheten, wurde das Kalifat zur Ordnungsvorstellung des Islam.

In der Periode der ersten vier rechtgeleiteten Kalifen, die mit dem Propheten verwandt waren, erfuhr das Kalifat eine streng religiöse Deutung: Die Autorität des Kalifen gründete auf der uneingeschränkten Souveränität Gottes. Der Kalif war nicht nur Leiter der Umma, sondern auch Stellvertreter des Propheten. In dessen

Namen kam es zu einer weitreichenden Expansion. Der Dschihad-Krieg diente dem islamischen Welteroberungsprojekt, das zweifellos, wie einleitend vermerkt, die IS-Dschihadisten in ihrem Anspruch auf eine universale Herrschaft nachhaltig inspiriert.

Unbeachtet bleibt dagegen, dass bereits die Periode der ersten vier Kalifen – das idealisierte Modell islamistischer Staatsvision – nicht nur zahlreiche innere Konflikte aufwies, sondern auch allmählich von einem Kalifat geprägt wurde, dem primär die Funktion zukam, die Existenz der Umma zu wahren. Die Organisation der durch Expansion geschaffenen Großreiche, die ursprünglich der Leitung der Prophetengefährten anvertraut war, ging sukzessive auf unterschiedlich legitimierte Führungsgruppen über. In der Omaiyaden-Dynastie wurde für die Leitung der Umma die militärische Funktion immer wichtiger. Während der Abbasiden-Herrschaft schwächte sich die Macht der zentral regierenden Kalifen erheblich ab – de facto herrschten lokale Dynastien. Zudem waren fest umrissene Institutionen entstanden, die entgegen der ursprünglichen Einheit die Sphären von Politik und Religion trennten: den Herrschaftsapparat vom Bereich der Rechtsgelehrten.

Betrachtet man nach diesem Rückblick auf die islamische Geschichte erneut den „Islamischen Staat", so lässt sich zunächst feststellen, dass Abu Bakr al-Baghdadi durch seine Ausrufung zum Kalifen sich eine genuin islamische Legitimationsstrategie zunutze machte. Dabei wird von ihm und seiner Terrororganisation nicht zur Kenntnis genommen, dass das Kalifat vor allem in der Omaiyaden- und der Abbasidenzeit weniger aus religiösen als aus funktionalen Gründen beibehalten wurde. Unbeeindruckt verfolgen die IS-Dschihadisten mit der Errichtung ihres Kalifats ein islamisches Imperium. Ignoriert wird, dass sich die Welt seit der Herrschaft der islamischen Kalifate grundlegend verändert hat.

Insgesamt steht das IS-Kalifat nicht in der islamischen Tradition, insbesondere nicht in der der rechtgeleiteten Kalifen. Der „Islamische Staat" entstand aus dem Geist einer Miliz, die im Spannungsfeld des politischen Islam ein Reich der gläubigen Muslime zu lenken vorgibt. Ob das Territorium des IS-Kalifats, das sich im März 2015 von Ostsyrien bis zum Norden und Osten des Irak erstreckte (s. Abb. 9.4), gehalten oder auch auf weitere Staaten mit brüchiger Staatlichkeit ausgedehnt werden kann, ist eine offene Frage. Für das Kalifat wird sich immer das Problem stellen, dass die brutale Gewalt einer Terrormiliz mit der islamischen Staatsform nicht vereinbar ist. Zur heutigen Weltpolitik steht das Kalifat al-Baghdadis in einem tiefgreifenden Antagonismus – der als dschihadistische Herausforderung gewollt ist.

Schlusswort **10**

Am Ende dieses Bandes sollen wenige Stichworte zusammengefasst werden:

Die Khomeini-Revolution von 1979, die al-Qaida und der 11. September 2001 sowie der „Islamische Staat" wurden in den drei Hauptkapiteln der Untersuchung vorgestellt. Die iranische Revolution, die in der öffentlichen Wahrnehmung das Paradigma islamistischer Machtergreifung darstellt, konnte gelingen, weil sie – entgegen der Pahlewi-Monarchie – auf autochthone Elemente des schiitischen Islam zurückgriff. Spätestens seit dieser Revolution und vor allem seit den Terroranschlägen der Kern-al-Qaida sind der Islamismus und der Dschihadismus in das kollektive Gedächtnis der westlichen Länder gerückt. Damals führte die al-Qaida ihren Dschihad-Krieg gegen die USA – als einen Religionskrieg zwischen Iman/ Glauben und Kufr/Unglauben nach der Formel des islamistischen „Propheten" Sayyid Qutb.

Eine politisch prekäre Verbindung zwischen dem „Islamischen Staat" und dem Irak-Krieg (2003) resultierte aus dem Sturz Saddam Husseins, mit dem die Vereinigten Staaten ein laizistisches Regime zerschlugen, das diktatorisch die religiösen Kollektive zusammenhielt. Sie setzten damit den Sunna-Schia-Konflikt frei. Die Terrorfronten weiteten sich aus und zerstörten die staatlichen Strukturen. Es entstand die radikal-islamistische al-Qaida im Irak, die Abu Musab al-Zarqawi bereits mit IS-Methoden führte. Sein Nachfolger Abu Umar al-Baghdadi gründete 2006 den „Islamischen Staat im Irak".

Der Islamismus ist inzwischen stärker in den Blickpunkt gerückt als der Islam als Religion. Darin verdeutlicht sich, dass die terroristische Gefahr, heute vor allem die der IS-Miliz, hoch eingeschätzt wird. Der „Islamische Staat" könnte sein Kalifat auf weitere Einflussgebiete ausdehnen – zumal die US-geführte internationale

© Springer Fachmedien Wiesbaden 2015 35
W. Röhrich, *Die Politisierung des Islam,* essentials,
DOI 10.1007/978-3-658-08941-2_10

Anti-Terror-Koalition von einem langandauernden Kampf gegen die Dschihadis-ten-Miliz ausgeht. Außerdem beansprucht Abu Bakr al-Baghdadi in Rivalität zum al-Qaidaismus, über die islamische Welt hinaus den globalen Dschihad anzuführen. Die IS-Miliz mit ihrer brutalen Gewalt ist sicherlich inzwischen die gefährlichste Terrororganisation, die überdies ständig an Zulauf gewinnt. Von ihr geht heute die größte Bedrohung aus.

Was Sie aus diesem Essential mitnehmen können

Eine fundierte Analyse der islamistischen und dschihadistischen Bewegungen von der ägyptischen Muslimbruderschaft und der iranischen Revolution bis zum heutigen „Islamischen Staat".

Die Bedeutung der politischen Verbindung zwischen dem Irak-Krieg und der Entstehung der Dschihadisten-Miliz.

Die Erörterung des Kontrasts zwischen dem Kalifat al-Baghdadis und dem islamischen Kalifat, vor allem dem der rechtgeleiteten Kalifen.

Den Unterschied zwischen der al-Qaida-Strategie und dem Dschihadismus des „Islamischen Staats".

© Springer Fachmedien Wiesbaden 2015
W. Röhrich, *Die Politisierung des Islam,* essentials,
DOI 10.1007/978-3-658-08941-2

Anhang: Bilder und Karten zu den Hauptkapiteln

Die Khomeini-Revolution im Iran von 1979

Abb. 5.1 (Quelle: dpa 54080392)

© Springer Fachmedien Wiesbaden 2015
W. Röhrich, *Die Politisierung des Islam,* essentials,
DOI 10.1007/978-3-658-08941-2

Abb. 5.2 (Quelle: dpa 54080414)

Der 11. September 2001: Die Ruinen der Twin Towers in Manhattan

Abb. 8.1 (Quelle: dpa 10635770)

Abb. 8.2 (Quelle: dpa: 4977315)

Die Terrormilizen des Islamischen Staats

Abb. 9.1 (Quelle: dpa: 49838062)

Abb. 9.2 (Quelle: dpa: 49299921)

Das Territorium des Islamischen Staats (2014 / 2015)

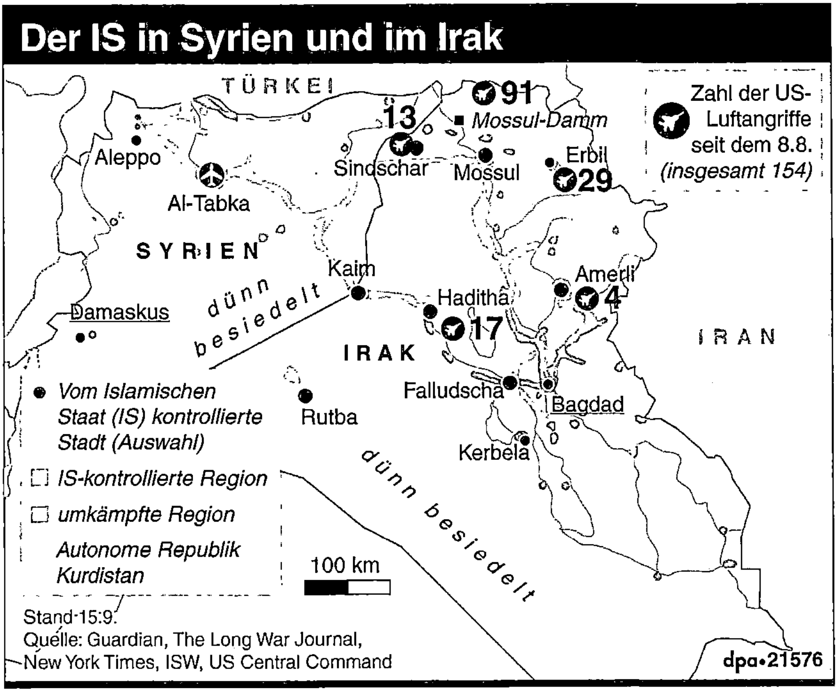

Abb. 9.3 (Quelle: dpa: 53919452)

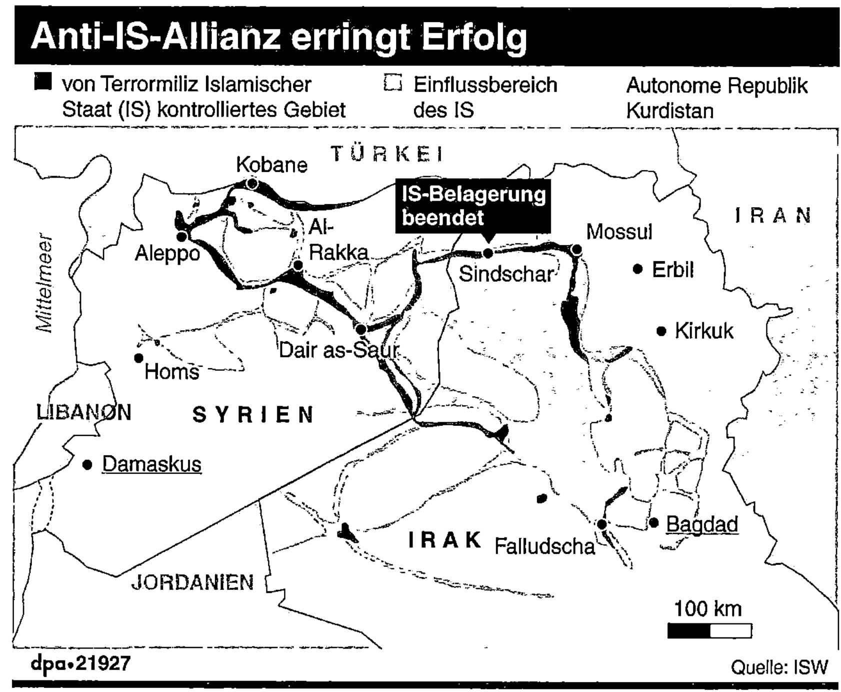

Abb. 9.4 (Quelle: dpa: 51817206)

Literatur

An-Na'im, Abdullahi Ahmed. 1990. *Toward an Islamic Reformation*. Syracuse: Syracuse University Press.

Ayubi, Nazih. 2002. *Politischer Islam. Religion und Politik in der arabischen Welt*. Freiburg i. Br.: Herder

Barber, Benjamin R. 2003. *Imperium der Angst. Die USA und die Neuordnung der Welt*. München: C. H. Beck.

Bergen, Peter L. 2003. *Heiliger Krieg Inc. Osama Bin Ladens Terrornetz*. Berlin: Berlin Verlag.

Bergesen, Albert J. 2008. *The Sayyid Qutb Reader. Selective Writings on Politics, Religion and Society*. New York: Routledge.

Berque, Jacques. 1996. *Der Koran neu gelesen*. Frankfurt a. M: Verlag Otto Lembeck.

Brisard, Jean-Charles. 2005. *Zarqawi. The New Face of Al-Qaida*. New York: Other Press.

Damir-Geilsdorf, Sabine. 2003. *Herrschaft und Gesellschaft. Der islamische Wegbereiter Sayyid Qutb und seine Rezeption*. Würzburg: Ergon.

Fukuyama, Francis. 1992. *The End of History and the Last Man*. New York: Free Press.

Huntington, Samuel P. 1997. *Kampf der Kulturen*. München/ Wien: Europa Verlag.

Kagan, Robert. 2003. *Macht und Ohnmacht. Amerika und Europa in der neuen Weltordnung*. Berlin: Siedler Verlag.

Kepel, Gilles. 2004. *Das Schwarzbuch des Dschihad. Aufstieg und Niedergang des Islamismus*. München: Piper Taschenbuch.

Kepel, Gilles. 2004. *Die neuen Kreuzzüge. Die arabische Welt und die Zukunft des Westens*. München: Piper.

Krämer, Gudrun. 1999. *Gottes Staat als Republik*. Baden-Baden: Nomos.

Lohlker, Rüdiger. 2009. *Dschihadismus. Materialien*. Wien: UTB.

Mailer, Norman. 2003. *Heiliger Krieg. Amerikas Kreuzzug*. Reinbek: Rowohlt.

Ourghi, Mariella. 2010. *Muslimische Positionen zur Berechtigung von Gewalt*. Würzburg: Ergon.

Paech, Norman. 21. Juni 2004. *Der Irak-Krieg und das internationale Recht*. junge Welt.

Qutb, Sayyid. 1954. *Al-ʿAdāla al-iğitimāʿiya fī l-Islam* (Soziale Gerechtigkeit im Islam). Kairo.

Qutb, Sayyid. 1995. *Maʿālim fī t-tariq* (Wegzeichen). Kairo.

© Springer Fachmedien Wiesbaden 2015   45
W. Röhrich, *Die Politisierung des Islam*, essentials,
DOI 10.1007/978-3-658-08941-2

Röhrich, Wilfried. 2001. *Herrschaft und Emanzipation. Prolegomena einer kritischen Politikwissenschaft*. Berlin: Duncker & Humblot.

Röhrich, Wilfried. 2004. *Die Macht der Religionen. Glaubenskonflikte in der Weltpolitik*. München: C. H. Beck.

Röhrich, Wilfried. 2010. *Die politischen Systeme der Welt*. München: C. H. Beck.

Rorty, Richard. 1987. *Der Spiegel der Natur*. Frankfurt a. M: Suhrkamp.

Said, Behnam T. 2014. *Islamischer Staat. IS-Miliz, al-Qaida und die deutschen Brigaden*. München: C. H. Beck.

Seidensticker, Tilman. 2014. *Islamismus. Geschichte, Vordenker, Organisationen*. München: C. H. Beck.

Steinberg, Guido. 2005. *Der nahe und der ferne Feind. Die Netzwerke des islamischen Terrors*. München: C. H. Beck.

Tibi, Bassam. 1985. *Der Islam und das Problem der kulturellen Bewältigung sozialen Wandels*. Frankfurt a. M: Suhrkamp.

Tibi, Bassam. 1992/2002. *Die fundamentalistische Herausforderung. Der Islam und die Weltpolitik*. München: C. H. Beck.

Tibi, Bassam. 1992. *Islamischer Fundamentalismus, moderne Wissenschaft und Technologie*. Frankfurt a. M: Suhrkamp.

Tibi, Bassam. 1999. *Kreuzzug und Djihad. Der Islam und die christliche Welt*. München: Goldmann Verlag.

Tibi, Bassam. 2001. *Eine neue Welt(un)ordnung?* Gewerkschaftliche Monatshefte 52.

Weber, Max. 1976. *Wirtschaft und Gesellschaft, 2 Bd. und ein Zusatzband*. Tübingen: Mohr.

White House. 2002 und 2003. The national security strategy of the United States of America.

Wright, Lawrence 2008. *Der Tod wird euch finden. Al-Qaida und der Weg zum 11. September*. München: Goldmann Verlag.

al-Zawahiri, Aiman. 2001. *Knights Under the Prophet's Banner*. Casablanca.